주식투자의 기술
HOW TO TRADE IN STOCKS

주식투자의 기술

제시 리버모어 지음 | 박정태 옮김

HOW TO TRADE IN STOCKS

TO NINA

니나에게

차례

에드워드 제롬 다이스의 서문 ◦ 9

1. 투기, 그 끝없는 도전 ◦ 13
2. 주가가 정확히 움직일 때는 언제인가? ◦ 30
3. 주도주를 따르라 ◦ 39
4. 내 손 안의 돈을 느껴보라 ◦ 45
5. 분기점 활용하기 ◦ 53
6. 백만 달러짜리 실수 ◦ 65
7. 300만 달러를 벌다 ◦ 76
8. 리버모어의 시장을 여는 열쇠 ◦ 86
9. 주가 기록 원칙에 대한 설명 ◦ 95

리버모어의 시장을 여는 열쇠에 기초한 차트와 설명 ◦ 103

해설: 냉정한 승부사 vs. 상처받은 탐욕 ◦ 137
제시 리버모어 연보 ◦ 148
역자 후기 ◦ 171

| 일러두기 |

1. 이 책은 1940년 출간된 듀얼, 슬론 앤드 피어스 출판사(Duell, Sloan and Pearce)의 《How to Trade in Stocks: The Livermore Formula for Combining Time Element and Price》를 전문 번역한 것입니다.
2. 본문에서 이탤릭체로 인쇄된 부분은 저자가 강조하기 위해 표시한 것입니다. 부록으로 첨부한 「제시 리버모어 연보」는 최근까지 출간된 제시 리버모어 관련 문헌과 당시의 경제 및 금융시장 상황을 알려주는 각종 자료를 참고해 옮긴이가 작성한 것입니다.
3. 이 책에서 주가의 등락을 이야기하면서 자주 쓰는 "포인트"라는 표현은 뉴욕증권거래소(NYSE)에서 주가를 액면가(100달러) 대비 퍼센트로 표시했던 시절의 것으로, 별도의 설명이 없는 한 1포인트는 1달러와 같습니다. NYSE는 1915년 이후 주가를 실제 거래되는 금액을 기준으로 표시함으로써 "포인트"라는 표현은 사라지게 됩니다. 상품시장의 경우 거래 단위에 따라 달라지는데, 통상적으로 1포인트는 1센트를 나타내는 경우가 많습니다.

- 에드워드 제롬 다이스의 서문

제시 L. 리버모어가 쌓아온 이력은 투기의 세계에서 늘 반짝반짝 빛나는 별이었다. 그는 젊은 시절부터 거의 하루도 거르지 않고 주식시장을 움직이는 하나의 재료로 대중들의 주목을 받았다. 마치 투기라는 하늘을 가로지르는 혜성처럼 그는 밝게 빛났고 백만장자 꼬마 승부사로 알려지기도 했다.

그는 문자그대로 승부사였다. 그리고 드문 경우였지만 엄청난 규모의 거래를 감행해 월스트리트를 경악하게 만들기도 했다. 하지만 그가 요행수를 바라고 무모하게 시장을 공격한 경우는 단 한 번도 없었다. 그가 공세를 펼 때마다 천재적인 독창성이 번득였고, 그 바탕에는 끊임없는 연구와 누구 못지않은 끈질긴 인내가 있었다.

지난 40년 동안 제시 리버모어는 국내 경제는 물론 전 세계 경제 상황을 거의 광적이라고 할 만큼 열심히 공부했다. 이 40년 동안 그는 모든 투기 시장에서 트레이딩을 하면서 시장을 분석했고, 시장과 대화했고, 시장을 꿈꾸었고, 시장과 함께 숨을 쉬었다. 가격이 움직이며 흐름을 만들어내는 곳이 바로 그의 세계였다. 이 같은 가격의 흐름을 정확히 예측하는 것은 그의 과학이었다.

동시대를 살아가고 있는 위대한 투기자들 몇 명을 개인적으로 알고 지내면서, 이들의 환상적인 투기 거래를 가까이서 지켜볼 기회를 가졌다는 것은 나에게 대단한 특권이었다. 그가 가진 지적인 역량과 타고난 재능을 감안할 때 제시 리버모어는 금세기 들어 가장 위대한 투기자이자 최고의 시장 분석가라고 이야기할 수 있다. 예전에 쓴 책에서 이렇게 언급한 적이 있다: 제시 리버모어가 한 푼도 남김없이 전부 다 날렸다고 하자. 증권회사에서 약간의 신용을 쓸 수 있게 한 다음 그를 티커가 있는 방 안에 가둬버린다면 거래가 활발한 시장에서 몇 달 매매한 뒤 다시 엄청난 돈을 벌어가지고 나타날 것이다. 그의 천재성은 이런 식으로 드러나는 것이다.

그가 사람들을 처음으로 깜짝 놀라게 한 것은 열다섯 살 때였다. 누구보다도 그의 어머니가 제일 놀랐다. 달랑 5달러를 들고 집을 나갔던 아들이 어머니 앞에 1000달러를 턱하고 내놓았으니 말이다. 이 돈은 그가 주식시장에서 조금씩 벌어들인 돈을 모은 것이었다.

그는 또 증권회사에서 시세판 담당 사환으로 일하는 동안 4년짜리 수학 과정을 단 1년만에 끝마쳐 한 번 더 사람들을 놀라게 만들었다.

그 뒤로도 그는 시장을 여러 차례 놀라게 했다. 그리고 투기 과학에 흥미를 느끼는 사람들에게 이 작은 책은, 비록 대단히 놀랍지는 않을지라도 적어도 놀라운 시도로 여겨질 것이다.

그 이유는 명백하다. 모든 위대한 투기자들은 저마다 자신만의 거래 방식을 갖고 있고, 기꺼이 리스크를 감수하면서 엄청난 금액의 돈을 걸겠다는 판단을 내리기까지 혼자만의 분석 과정을 거친다. 이런 독자적인 방법들은 마치 국가기밀처럼 철저히 보안을 유지한다. 굳이 사람들한테 알려져 봐야 자랑처럼 들리고 의심을 살 수도 있다는 이유 때문이기도 하지만, 대부분의 경우는 아주 실제적인 이유 때문에 비밀을 지키는 것이다.

그런 점에서 제시 리버모어가 예의 솔직한 성격답게 커튼을 활짝 열어 젖히고, 시간 요소와 가격을 결합한 자신의 투기 원칙을 공개적으로 밝혔다는 점은 그가 역시 당대 최고의 일류 투기자들 중에서도 가장 대담한 인물이라는 사실을 입증해주는 것이다. 그는 투기에 관한 40년간에 걸친 연구의 결실을 독자들에게 펼쳐놓은 것이다.

이 책은 진정으로 탁월한 한 투기자가 들려주는 흥미진진한 무용담으로 기억될 것이다.

에드워드 제롬 다이스
Edward Jerome Dies

1. 투기, 그 끝없는 도전
The Challenge of Speculation

투기라고 하는 게임만큼 언제나 그렇게 흥미진진한 게임도 없다. 그러나 이 게임은 어리석은 사람이나 정신적으로 굼뜬 사람, 감정 조절이 잘 안 되는 사람에게는 어울리지 않는다. 단번에 벼락부자가 되려는 투기꾼에게는 더더욱 맞지 않는다. 이런 사람들은 불행 속에서 죽음을 맞이할 것이다.

꽤 오래 전부터 부딪치는 일인데, 낯선 사람들이 참석하는 저녁 파티에만 가면 꼭 누군가가 내 옆자리에 앉아 흔해빠진 농담 몇 마디를 늘어놓고는 이렇게 묻는다.

"어떻게 하면 주식시장에서 돈을 벌 수 있지요?"

이처럼 시장에서 단숨에, 그것도 아주 손쉽게 돈을 벌고 싶어하는 이들이 어떤 고통을 겪게 되는지 설명하느라 젊은 시절에는 진땀깨나 흘리기도 했었다. 때로는 부드럽게 대충 얼버무리면서 어려운 순간을 빠져 나온 적도 있었다. 나중에는 그냥 "저도 모릅니다"라고 퉁명스레 대답하게 됐다.

이런 사람들은 도저히 그냥 봐줄 수가 없다. 우선 질문 자체가 투자와 투기를 과학적으로 공부하고 있는 나 같은 사람에게 할 만한 정중한 표현이 아니다. 마치 변호사나 의사를 붙잡고 이렇게 묻는 것이나 마찬가지다.

"어떻게 하면 변호사나 의사 일을 해서 금방 돈을 벌 수 있지요?"

하지만 나는 이런 결론에 도달하게 됐다. 주식 투자와 주식 투기에 관심을 가진 이들에게 올바른 방향을 일러주는 길잡이나 가이드 같은 게 있다면 좀더 많은 사람들이 합리적인 결과를 얻기 위해 기꺼이 노력하고 공부할 것이라고 말이다. 이 책은 바로 이런 이들을 위해 쓰여진 것이다.

나는 그래서 이 책에 내 평생에 걸친 투기적 경험의 하이라이트를 의도적으로 포함시켰다. 여기에는 내가 지나온 성공과 실패의 기록이 담겨있고, 그 하나하나가 나에게 가르쳐준 생생한 교훈들이 들어있다. 투기에서 성공하는 데 가장 중요한 인자(因子)라고 여기는 트레이딩에서의 시간 요소(time element) 이론이 실은 전부 여기에서 나온 것이다.

그러나 더 설명하기에 앞서 주의를 당부하고 싶은 게 있다. 이 책을 읽는 독자 여러분이 거둘 성공의 열매는 오로지 자신의 거래 기록을 직접 정리하고, 자기 스스로 생각하고, 자기 자신의 결론에 도달하려는 노력이 얼마나 성실하고 진실한가에 달려있다는 점이다. 《건강한 몸매를 가꾸는 기술How to Keep Fit》이라는 책을 읽으면서 남에게 대신 운동을 시킨다면 그건 제대로 책을 읽는 게 아닐 것이다. 앞으로 설명할, 시간 요소와 주가를 결합한 내 원칙을 성실히 따르고자 한다면 자신의 거래 기록을 정리하는 일을 남에게 맡겨서는 절대 안 된다.

나는 단지 여러분이 가는 길에 빛을 비춰줄 수 있을 뿐이다. 나의 길안내 덕분에 주식시장에서 자기가 투자한 돈보다 더 많은 돈을 벌 수 있다면 더할 나위 없이 기쁠 것이다.

이 책에서는 이처럼 때로 투기적 성향에 이끌리는 대중들에게 내가 투자자로서, 또 투기자로서 오랜 세월 축적해온 아이디어와 핵심적인 내용을 전해줄 것이다. 투기를 하고자 한다면 반드시 사업가의 시각으로 투기를 바라보고, 그렇게 투기를 해야 한다. 많은 사람들이 잘못 생각하는 것처럼 투기를 한낱 도박으로 여겨서는 안 된다. 투기가 그 자체로 하나의 사업이라는 내 전제가 옳은 것이라면, 이 사업에 종사하는 사람들은 반드시 활용 가능한 모든 유익한 자료들을 동원해 투기를 배우고 이해하겠다는 결의를 가져야 할 것이다. 투기를 하나의 성공적인 사업으로 만들기 위해 전념했던 지난 40년 세월 동안 나는 이 사업에 적용할 수 있는 새로운 원칙들을 발견했고, 또 지금도 발견해가고 있다.

곧 닥칠 시장의 움직임을 미리 내다보지 못한 게 대체 무엇 때문이었는지 자문하면서 잠자리에 들었다가 불현듯 새로운 생각이 떠올라 다음날 꼭두새벽에 깬 적이 수도 없이 많았다. 이른 시각에 일어난 나는 이전에 기록해둔 과거의 주가 움직임을 체크해보고,

그렇게 해서 새로운 생각이 정말로 가치 있는 것인지 알아보려고 날이 새기만을 초조하게 기다렸다. 대개의 경우 새로운 생각이 100% 정확하지는 않았지만, 그렇게 함으로써 얻을 수 있었던 이점은 내 잠재의식 속에 한 가지 생각을 추가로 저장했다는 것이다. 아마도 나중에 또 다른 새로운 생각이 떠오른다면 그때는 즉시 확인해볼 수 있을 터였다.

결국 이렇게 해서 다양한 아이디어들이 구체화되기 시작했고, 나 자신도 과거의 주가 움직임을 안내자로 삼을 수 있는 명확한 기록 방식을 개발하게 됐다.

나는 이론과 실전 경험을 통해 주식시장에서 혹은 상품시장에서, 그 사업을 투기로 하든 투자로 하든 관계없이 그 어떤 것도 새로운 것은 없다는 사실을 충분히 검증할 수 있었다. 당연히 투기를 해야 할 때가 있으며, 이와 똑같이 절대로 투기를 해서는 안 되는 때가 반드시 있게 마련이다. 여기 아주 틀림없는 격언이 하나 있다. "경마장에 가서 한 번 돈을 딸 수는 있지만, 계속해서 돈을 딸 수는 없다." 시장에서의 거래도 이와 마찬가지다. 주식에 투자하거나 투기를 해서 돈을 벌 수 있을 때가 있지만, 일년 내내 매일같이 혹은 매주 거래해서 끊임없이 돈을 벌 수는 없다. 앞뒤를 헤아리지 않는 무모한 사람들만이 그렇게 할 것이다. 그런 일은 있음직하지도 않고 일어날 수도 없다.

투자에서 혹은 투기에서 성공하기 위해서는 반드시 어떤 주식의 다음 번 결정적인 주가 움직임이 어떻게 될지 자기 자신의 의견을 갖고 있어야 한다. 투기란 앞으로의 주가 흐름을 예측하는 것에 다름 아니다. 정확히 예측하려면 분명한 근거를 갖고 예측해야 한다. 가령 시장의 편에 서서, 대중에게 알려진 특정한 뉴스 한 토막이 시장과 관련해 어떤 영향을 미칠지 마음속으로 분석해보는 것이다. 이런 특별한 기사가 대중들, 특히 기본적으로 그 뉴스에 관심을 갖는 대중들의 마음속에 어떤 심리적 영향을 미치는지 예측해보려고 노력해야 한다. 그것이 시장에 미치는 파급 효과가 명백히 강세 혹은 약세 요인으로 작용할 것이라는 믿음이 간다 해도, 시장 그 자체의 움직임이 당신의 의견을 확인해줄 때까지는 당신 자신의 의견을 신뢰해서도 안 되고 당신의 판단에 따라 돈을 걸어서도 안 된다. 왜냐하면 그것이 시장에 미치는 영향은 마땅히 그렇게 될 것이라고 당신이 믿고 싶어하는 것과 다를 수 있기 때문이다. 예를 들어보자. 일정 기간 동안 시장이 확실한 추세를 이어가고 있다면 여기서 강세 혹은 약세 요인의 뉴스 하나가 나온다 해도 시장에는 거의 영향을 미치지 못할 것이다. 그 시점의 시장 그 자체가 과매수 상태나 과매도 상태일 수 있고, 어느 쪽이든 특정 뉴스의 영향이 무시될 수 있는 것이다. 이런 시기에는 과거 비슷한 상황에서 어떤 식으로 귀결됐는지를 보여주는 기록이 투자자에게든 투기자에게든 무척 귀중한 것이다. 이런 시기에는 또 개인적인 의견은 철저히 무시한 채 오로지 시장 그 자체의 움직임에만 주의를 기울여야 한다. 시장은 절대로 틀리지 않는다. 우리의 판단은 자주 틀린다. 우리의 판단이란 시장이 생각대로 움직여주지 않는 한 투자자에게든 투기자에게든 전혀 쓸모 없는 것이다. 아무도, 아니 어떤 세력도 오늘 시장을 만들어낼 수 없고 무너뜨릴 수도 없다. 심지어 이런 일이 벌어질 수도 있다. 누군가 특정 주식에 관해 어떤 판단을 내렸다. 이 주식이 틀림없이 상승 혹은 하락할 것이라고 확신했고, 그의 판단은 맞았다. 그러나 그의 판단이 너무 앞서갔거나 성급하게 행동하는 바람에 손실을 볼 수 있다. 자신의 판단이 옳다고 확신해 즉시 행동에 옮겼는데, 막상 매수하고 나니 주식은 전혀 다른 방향으로 움직여버리는 것이다. 더구나 시장의 거래량이 확 줄어들면 그는 기다리다 지쳐 시장을 빠져 나와버린다. 며칠 뒤 이 주식이 다시 제대로 움직이기 시작하는 것처럼 보여 재차 시장에 들어가보지만, 재매수를 하자마자 다시 한번 그의 생각과 반대로 움직인다. 그는 또 한번 자기 판단에 회의를 품으면서 주식을 팔아버리고 만다. 마지막으로 주식은 오르기 시작한다. 자신이 너무 조급했으며 두 번씩이나 잘못된 거래를 했다는 사실로 인해 그는 용기를 잃는다. 그는 이미 다른 종목을 거래하기 시작해 이 주식에는 더 이상 눈을 돌릴 여유가 없을지도 모른다. 결국 자신이 성급하게 뛰어들었던 주식이 본격적으로 움직이기 시작할 때는 이미 이 주식을 다 팔아버린 다음인 것이다.

  내가 여기서 강조하고자 하는 요지는 특정 종목이나 특정 업종의 주식에 관해 분명한 견해를 갖게 됐다 하더라도 그 주식을 거래하지 못해 너무 초조해하는 것은 금물이라는 점이다. 시장의 입장에서 그 종목이나 해당 업종의 주식들이 어떻게 움직이는지 바라보면서 참고 기다리라. 예를 들어보자. 어떤 종목의 주가가 현재 25달러 수준이고, 상당한 기간 동안 22~28달러 사이에서 움직여왔다. 당신은 이 주식이 궁극적으로 50달러가 될 것이라고 확신하고 있다. 이 주식의 현재 주가는 25달러인데 당신은 50달러가 될 것이라고 판단하고 있다면, 인내심을 갖고 이 주식이 거래가 크게 늘면서 주가도 신고가, 가령 30달러 수준으로 오를 때까지 기다리면서 지켜보라. 이렇게 거래량이 급증하며 신고가를 경신하게 되면 시장의 시각으로 볼 때 당신의 판단이 옳았음을 알게 되는 것이다. 이 주식은 반드시 아주 강력한 움직임을 보여줘야 하며, 그렇지 않다면 30달러까지 상승할 수 없을 것이다. 강력한 움직임을 보여준다면 아주 확실한 상승세를 타게 될 가능성이 높고 이런 흐름이 이어질 가능성 역시 높은 것이다. 바로 이 시점이 당신의 판단에 돈을 걸 때다. 이 주식이 25달러 할 때 매수하지 않았다는 사실로 인해 속상해하지 말라. 만약 그때 매수했더라면 기다리다 지쳐 막상 본격적인 상승세가 시작됐을 때는 십중팔구 보유 주식이 한 주도 없을 것이다. 왜냐하면 일단 매수 가격보다 싸게 매도한 다음에는 기분이 상해 재매수해야 할 시점이 와도 다시 들어가려 하지 않기 때문이다.

지금까지의 경험을 되돌아보면 투기를 하면서 진짜 큰돈을 번 것은 주식시장이든 상품시장이든 맨 처음 거래부터 이익이 났을 때였다. 나중에 내가 실제로 거래한 몇 가지 사례들을 소개하면 알게 되겠지만 나는 심리적 시간(psychological time), 즉 주가를 움직이려는 힘이 너무나 강해 저항선을 뚫어버릴 수밖에 없는 시점에 최초의 거래를 했다. 내가 주문한 거래 물량 때문이 아니라 기본적으로 그 주식의 이면에 있는 힘이 워낙 강했기 때문에 저항선이 뚫린 것이다. 당연히 그렇게 될 수밖에 없었고 그렇게 됐다. 다른 많은 투기자들과 마찬가지로 나 역시 확실한 기회가 올 때까지 인내심을 갖고 기다리지 못했던 경우가 수도 없이 많았다. 나는 늘 주식을 보유하거나 공매도하려 했다. 이렇게 물어올지도 모르겠다. "당신은 경험도 많으면서 왜 그렇게 자제하지 못한 겁니까?" 대답을 하자면, 나도 인간이고 인간적 결점에 빠져들기 쉽기 때문이다. 투기자들이 전부 다 그런 것처럼 나 역시 훌륭한 판단을 해놓고도 인내심이 부족해 이를 살리지 못했다. 투기란 포커나 브리지 같은 카드 게임을 하는 것과 아주 비슷하다. 모두들 매판마다 돈을 걸고 싶어하는 똑같은 약점을 지니고 있다. 그러다 보니 하나같이 카드 게임에서 한 판도 빠지려 들지 않는 것이다. 정도의 차이는 있지만 우리 모두가 갖고 있는 이런 인간적 약점이야말로 투자자와 투기자에게 가장 큰 적이며, 스스로 이를 방어하지 않는다면 마침내 파멸의 길로 몰고 갈 것이다. 인간이기 때문에 희망을 품고, 한편으로는 두려움도 느낀다. 그러나 투기라는 사업에 희망과 두려움을 개입시킨다면 아주 끔찍한 위험에 직면하게 될 것이다. 사람들이란 이 두 가지를 혼동해 정반대의 자리에 갖다 놓기 십상이기 때문이다.

예를 들어 설명해보자. 당신은 어떤 주식을 30달러에 매수했다.

다음날 이 주식이 깜짝 상승세를 보이며 32달러 혹은 32.50달러까지 올랐다. 당신은 곧바로 두려움을 느낀다. 만일 지금 이익을 챙기지 못하면 내일 이익이 사라져버릴지도 모른다는 두려움이다. 그래서 당신은 작은 이익을 챙겨 팔고 나온다. 그런데 실은 이때가 바로 세상 가득 희망을 만끽할 시점이다. 도대체 왜 어제까지도 당신 수중에 들어오지 않았던 2포인트의 이익을 잃을지 몰라 그렇게 노심초사하는가? 단 하루 만에 2포인트를 벌 수 있었다면 다음날에는 2~3포인트를 벌지도 모르고, 다음주에는 어쩌면 5포인트를 벌 수도 있을 것이다. 주가가 예상한 대로 움직이고, 시장도 제대로 굴러간다면 이익을 취하기 위해 서둘러서는 안 된다. 당신이 옳다는 사실을 당신은 알고 있다. 당신이 틀렸다면 이익을 한 푼도 챙길 수 없을 것이기 때문이다. 이익이 계속 커나가도록 내버려두라. 아주 대단한 이익으로 불어날 수도 있을 것이다. *시장의 움직임에서 당신이 걱정할 만한 단서를 발견할 수 없는 한 용기 있게 당신의 믿음을 계속 지켜나가야 한다.* 이와는 반대로 당신이 어떤 주식을 30달러에 매수했는데, 다음날 28달러로 떨어져 2포인트 손실이 났다고 하자. 당신은 내일 3포인트 혹은 그 이상의 손실이 추가로 발생할 수도 있다는 두려움을 느끼지 않을 것이다. 아니, 어쩌면 당신은 오늘 2포인트의 손실을 일시적인 조정이라고 여길지도 모른다. 하지만 실은 이때가 바로 걱정해야 할 시점이다. 오늘 2포인트의 손실에 이어 내일 또 2포인트의 손실이 발생할 수 있고, 어쩌면 다음주 혹은 그 다음주까지 5~10포인트의 손실이 발생할 수 있다. 그래서 이때가 정말로 두려워해야 할 시점인 것이다. 당신이 만약 여기서 빠져나오지 않는다면 나중에 훨씬 더 큰 손실을 어쩔 수 없이 떠안아야 할지 모른다. 그러므로 이때야말로 손실이 더 커지기 전에 보유 주식을 매도함으로써 스스로를 보호해야 할 시점인 것이다.

이익은 그냥 놔둬도 늘 알아서 굴러가지만 손실은 절대 그렇지 않다. 투기자는 처음의 작은 손실을 취함으로써 치명적인 손실로부터 스스로를 보호해야 한다. 그렇게 해야 계좌를 안전하게 지킬 수 있고, 가까운 장래에 건설적인 아이디어가 떠오르게 되면 앞서 자신이 틀렸을 때 보유했던 양만큼 주식을 재매수해 또 한번 승부를 걸어볼 수 있는 것이다. 투기자는 반드시 자기 자신의 보험을 스스로 책임져야 한다. 투기라는 사업을 계속 해나갈 수 있는 유일한 길은 투자 계좌를 철저히 지켜나가면서, 언젠가 시장에 대한 자신의 판단이 옳았을 때 돈이 없어 거래를 하지 못할 정도로 손실을 입는 일이 결코 없도록 하는 것뿐이다. 성공적인 투자자나 성공적인 투기자라면 틀림없이 시장이 어느 쪽으로 움직일지에 대해 사려 깊은 이유를 갖고 시장에 뛰어들 것이라고 믿는다. 하지만 맨 처음 거래를 언제 감행할지 결정할 수 있는 명확한 원칙을 갖고 있어야 한다.

한 번 더 이야기하겠다. 시장에서 어떤 확실한 움직임이 정말로 진행 중일 때가 틀림없이 있다. 누구든 투기자로서의 본능과 인내심을 가졌다면 나름대로의 독창적인 방법을 고안해 자신이 언제 첫 번째 거래를 단행할지 정확히 판단할 수 있을 것이다. 단순히 추측만 잘 한다고 해서 투기에 성공할 수 있는 것은 절대 아니다. 지속적으로 성공하기 위해서는 투자자든 투기자든 자신을 가이드 해줄 원칙을 갖고 있어야 한다. 나를 잘 가이드해주는 어떤 원칙이 다른 사람에게는 아무 쓸모도 없을 수 있다. 왜 그런 것일까? 나한테는 그 값어치를 따질 수 없을 만큼 귀중한 원칙인데, 왜 이 원칙이 당신은 가이드해주지 않는 것일까? 그 답은 이렇다. 어떤 가이드 원칙도 100% 정확할 수 없기 때문이다. 내가 어떤 가이드 원칙, 즉 나에게 아주 특별한 원칙을 사용할 경우 나는 그 결과가 어떠해야 할지 안다. 만일 내 주식이 예상했던 대로 움직이지 않는다면 나는 아직 때가 되지 않았다고 판단하고 즉시 거래를 그만둘 것이다. 아마도 며칠 뒤 내 가이드 원칙이 다시 들어가라는 신호를 보내오면 한번 더 들어갈 것이다. 그러면 이때는 아마 100% 정확할 것이다. 누구든 시간과 노력을 들여 주가의 흐름을 공부한다면 종국에는 앞으로 주식을 거래하거나 투자하는 데 자신을 도와줄 가이드 원칙을 개발할 수 있을 것이라고 믿는다. 이 책에서는 내가 직접 투기 거래를 하는 과정에서 아주 유용하다고 느낀 몇 가지 핵심 사항들을 소개할 것이다.

참으로 많은 트레이더들이 주가지수 차트나 주가지수 기록을 가지고 다닌다. 이들은 주가지수 차트가 올라가고 내려가는 것을 분주하게 뒤쫓는데, 이런 주가지수 차트가 때로 분명한 추세를 보여주기도 한다는 것은 틀림없다. 개인적으로는 주가지수 차트가 설득력이 있다고는 결코 생각하지 않지만 말이다. 나는 이 모든 것들이 너무 혼란스럽게 느껴진다. 그렇지만 다른 사람들이 늘 주가지수 차트를 그려서 갖고 다니는 것처럼 나 역시 이전 주가 기록들을 정리하는 데 똑같이 광적으로 매달린다. 어쩌면 그들이 옳고 내가 틀렸는지도 모른다.

내가 기록하는 것을 더 좋아하는 이유는 내 나름의 방식으로 기록해두면 앞으로 무슨 일이 벌어질지 분명한 그림을 그려볼 수 있기 때문이다. 하지만 다가올 중요한 주가 움직임을 예측하는 데 내 기록들을 정말로 유용하게 써먹을 수 있었던 것은 시간이라는 요소를 고려한 다음이었다. 나중에 좀더 자세히 설명하겠지만 누구든 적절한 기록을 유지함으로써, 또 시간이라는 요소를 고려함으로써 다가올 중요한 주가 움직임을 상당히 정확하게 예측할 수 있다. 하지만 그렇게 하기 위해서는 인내도 필요하다.

어떤 한 종목 혹은 몇 종목의 주식들에 정통해지도록 하라. 그러고 나서 당신이 정리한 기록과 시간이라는 요소를 올바르게 결합시킨다면 머지않아 주가가 결정적으로 움직일 시점을 스스로 판단할 수 있을 것이다. 만일 당신이 정리한 기록만 올바로 읽는다면 어느 업종에서든 주도주를 찾아낼 수 있을 것이다. 재차 강조하지만 당신 스스로 기록을 정리해야 한다. 당신이 손수 적어야 한다. 당신 편하자고 다른 사람에게 시켜서는 안 된다. 이렇게 기록하다 보면 새로운 아이디어들이 얼마나 많이 떠오르게 되는지 당신 자신도 깜짝 놀랄 것이다. 아무도 당신에게 알려주지 않는 아이디어들이고, 당신 스스로 발견한 아이디어이자 성공의 비법이며, 당신은 이 비법을 혼자서만 간직할 것이기 때문이다.

나는 이 책에서 투자자와 투기자들을 위한 몇 가지 "하지 말아야 할 것들(DON' TS)"을 제시할 것이다. 가장 기본적인 원칙 가운데 하나는 절대 투기 사업이 투자로 변질되는 것을 방치해서는 안 된다는 점이다. 투자자들은 단지 자기가 돈을 지불하고 주식을 매수했다는 이유만으로 그리도 쉽게 엄청난 손실을 입는다.

이런 말을 하는 투자자를 얼마나 자주 만나는지 떠올려보라. "나는 주가의 등락이나 증거금 부족 따위는 전혀 걱정하지 않아. 나는 투기를 하는 게 아니거든. 내가 주식을 산 건 투자 목적으로 매수한 거야. 그러니까 설사 주가가 떨어지더라도 나중에는 다시 제자리를 찾을 거라고."

하지만 이런 투자자들에게는 매우 안타깝게도 매수할 때는 훌륭한 투자 대상으로 여겨졌던 많은 주식들이 나중에 보면 그 상태가 극적으로 바뀌어버린다. 결국 이런 "투자 주식들"이 그야말로 투기적인 주식이 되는 경우가 비일비재하다. 이런 주식 가운데는 아예 시장에서 퇴출돼버리는 경우도 있다. 처음에 했던 "투자"는 투자자의 매수 자금과 함께 온데간데 없이 사라져버리고 마는 것이다. 이런 일이 벌어지는 이유는 소위 "투자"라는 말이 지니고 있는 정확한 의미를 깨닫지 못했기 때문이다. 처음에는 영원한 투자 대상으로 여기고 매수한 주식이라 해도 세월이 지나면 이 주식의 이익 창출 능력을 위협하는 새로운 상황이 벌어질 수 있는 것이다.

투자자가 이런 상황 변화를 미처 인식하기도 전에 투자한 주식의 가치는 벌써 큰 폭으로 떨어진다. 따라서 투자자는 성공적인 투기자가 투기 사업을 지켜나가듯 자신의 순자산 가치를 지켜나가야 한다. 이렇게만 한다면 스스로 "투자자"라고 일컫는 사람들도 나중에 원치 않던 투기자가 될 수밖에 없는 상황으로 내몰리지 않을 것이며, 투자한 주식의 가치가 그렇게 심각하게 떨어지는 경우도 없을 것이다.

그리 오래 전 일이 아니니 기억할 것이다. 이 시절만 해도 사람들은 뉴욕, 뉴헤이븐 앤 하트포드 레일로드(New York, New Haven & Hartford Railroad) 주식에 투자하는 게 은행에 예금하는 것보다 더 안전하다고 생각했다. 1902년 4월 28일 당시 뉴헤이븐의 주가는 255달러였다. 1906년 12월에 시카고, 밀워키 앤 세인트폴(Chicago, Milwaukee & St. Paul)의 주가는 199.62달러였다. 같은해 1월 시카고 노스웨스턴(Chicago Northwestern)의 주가는 240달러였다. 그해 2월 9일 그레이트 노던 레일웨이(Great Northern Railway)의 주가는 348달러였다. 이들 회사는 모두 아주 괜찮은 배당금을 지급하고 있었다.

이 "투자 주식들"의 현재 상황을 보자. 1940년 1월 2일 현재의 주가는 이렇다. 뉴욕, 뉴헤이븐 앤 하트포드 레일로드는 0.50달러, 시카고 노스웨스턴은 5/16달러(약 0.31달러), 그레이트 노던 레일웨이는 26.625달러다. 시카고 밀워키 앤 세인트폴은 이날 거래가 형성되지 않아 체결가가 없었는데, 1940년 1월 5일 주가는 0.25달러였다.

내가 한창 때 가장 확실한 투자 주식으로 여겨졌다가, 오늘날에는 그 가치가 형편없어졌거나 아예 사라져버린 주식 수백 가지를 열거하기란 사실 일도 아니다. 지금은 대단한 투자 주식이라 해도 결국은 몰락한다. 이런 주식의 몰락과 함께 소위 보수적인 투자자들의 재산 역시 끊임없는 부의 재분배 과정에서 침몰해가는 것이다.

투기자들도 주식시장에서 손실을 입는다. 하지만 투기 그 자체로 인해 잃는 돈은 소위 투자자들이 자신의 투자 주식을 그냥 내버려두는 바람에 날려버리는 천문학적인 금액에 비하면 "새 발의 피"라고 생각한다.

내가 보기에 투자자들은 마음씨 착한 도박꾼들이다. 이들은 베팅을 하고서는 그냥 가만히 있는다. 만일 잘못되면 전부 날려버린다. 투기자 역시 이들과 같은 시점에 매수했을 수 있다. 하지만 그가 현명한 투기자고 자기 손으로 기록을 정리한다면, 모든 게 잘 돌아가지 않고 있으니 경계하라는 위험 신호를 감지할 것이다. 그는 적절한 조치를 취함으로써 손실을 최소화하고, 시장에 재진입할 수 있는 더 나은 기회를 기다릴 것이다.

어떤 주식이 하락하기 시작하면 그 주식이 어디까지 떨어질 것인지 아무도 말해줄 수 없다. 어떤 주식이 대세상승 흐름을 타기 시작하면 최후의 천정이 얼마가 될지 아무도 예상할 수 없다. 하지만 반드시 염두에 두어야 할 몇 가지 고려사항이 있다. 그 중 하나는 주가가 높아 보인다고 해서 무조건 주식을 공매도해서는 절대 안 된다는 것이다. 가령 어떤 주식이 10달러에서 50달러로 상승하는 것을 지켜봤다면 이제 주가가 너무 높은 수준이라고 마음먹을 수 있다. 그러나 실은 이 시점이야말로, 수익성 증가가 기대되고 또 훌륭한 기업 경영진이 이끌고 있다는 점을 감안할 때 주가가 50달러에서 150달러로 가는 것을 막을 요인이 무엇인지 따져봐야 할 순간이다. 어떤 주식이 오랫동안 상승세를 이어온 뒤 "주가가 너무 높아 보이면" 이 주식을 공매도하지만, 많은 사람들이 그렇게 해서 투자 원금까지 다 날렸다.

거꾸로 말하자면 어떤 주식이 이전 고점에 비해 아주 큰 폭으로 하락했다는 이유만으로 매수해서는 절대 안 된다는 것이다. 이 주식이 하락한 데는 충분히 그럴만한 이유가 있었을 가능성이 높다. 이 주식은 비록 현재 주가 수준은 낮아 보여도 여전히 아주 비싼 주가로 팔리고 있는 것인지 모른다. 과거에 형성했던 높은 가격대의 주가는 잊어버리고, 타이밍과 주가를 결합한 공식에 기초해 이 주식을 분석하도록 힘써야 한다.

내 트레이딩 방식을 알게 되면 많은 사람들이 놀랄지 모르겠다. 내가 정리한 기록에 의하면, 주식시장이 상승 추세를 이어가고 있으며 어떤 주식이 정상적인 조정을 거친 다음 신고가를 경신하면 곧바로 매수한다. 공매도 역시 이와 똑같은 방식을 따른다. 그 이유는 무엇인가? 나는 그 시점의 추세를 따르기 때문이다. 내가 정리한 기록이 나에게 앞으로 나가라는 신호를 보내오는 것이다!

나는 절대로 주가가 조정을 보일 때 매수하지 않고 랠리를 이어갈 때 공매도하지 않는다.

반드시 기억해 두어야 할 또 한 가지 핵심 사항이 있다. 처음 거래에서 손실이 났는데 재차 똑같은 거래를 한다면 그건 너무나 무모한 짓이라는 점이다. 절대로 물타기를 해서는 안 된다. 이 점은 반드시 명심해서 지워지지 않게 새겨두어야 한다.

2 주가가 정확히 움직일 때는 언제인가?

When Does a Stock Act Right?

우리 인간들처럼 주식에도 저마다의 개성과 독특한 성격이 있다. 감수성이 예민하고 신경질적이며 흥분을 잘하는 주식들이 있는가 하면 솔직하면서도 직설적이고 논리적인 주식들도 있다. 개별 주식들의 이런 성격을 이해하고 존중해줘야 한다. 이들 주식이 어떻게 움직일지는 현재 상황이 처해있는 다양한 조건들 아래서만 예측 가능하다.

시장은 절대 한순간도 가만히 있지 않는다. 때로는 아주 답답하고 지루한 경우도 있지만, 그렇다고 해서 똑같은 지점에 그대로 멈춰서 있지는 않는다. 조금이라도 위로 올라가거나 아래로 내려간다. 어느 주식이든 일단 확실한 추세를 잡으면 이 방향을 따라 진행하는 동안에는 자동적으로 또 지속적으로 일정한 선을 따라 움직인다.

대세상승과 같은 큰 주가 흐름이 시작될 때는 며칠간 폭발적인 거래량을 수반하면서 주가가 조금씩 올라간다. 그러고 나서는 내가 말하는 "정상적인 조정(Normal Reaction)"이 나타난다. 조정 과정에서는 거래량이 앞서 주가가 상승할 때보다 훨씬 적다. 하지만 약간의 조정은 정상적인 것이다. 정상적인 주가 흐름을 두려워해서는 안 된다. 그러나 비정상적인 주가 흐름은 매우 조심해야 한다.

하루나 이틀 뒤 다시 상승세가 재개되고 거래량도 증가할 것이다. 대세상승이 틀림없다면 정상적인 조정으로 자연스럽게 떨어졌던 하락폭을 순식간에 만회한 다음 주가는 신고가 영역으로 진입할 것이다. 강력한 주가 상승세는 그날그날 장중의 소폭 조정과 함께 며칠 동안 지속돼야 한다. 이런 주가 흐름이 이어지다 보면 조만간 또 한 차례의 정상적인 조정이 필요한 주가에 도달할 것이다. 이번에도 앞서 처음 조정을 받았을 때와 똑같은 궤적을 그려야 한다. 왜냐하면 이처럼 확실한 추세를 잡았을 때 어느 주식이든 밟게 되는 자연스러운 과정이기 때문이다. 대세상승과 같은 큰 주가 흐름의 1단계 국면에서는 신고가를 기록한 주가가 이전 고점에 비해 대단히 높지는 않다. 그러나 시간이 흐를수록 주가가 점점 더 빨리 위쪽으로 내달리는 것을 확인할 수 있을 것이다.

예를 들어 설명해보겠다. 어떤 주식이 50달러에서 큰 주가 흐름을 시작했다고 하자. 첫 번째로 나타나는 주가 흐름은 주가가 조금씩 올라 54달러까지 오르는 정도일 것이다. 그러고 나서는 하루나 이틀 정상적인 조정을 받아 주가는 다시 52.50달러 수준으로 떨어진다. 사흘 뒤에는 다시 상승세를 회복한다. 이번에는 주가가 59달러나 60달러까지 올라간 다음에야 정상적인 조정이 나타날 것이다. 그런데 정상적인 조정이라고 해도 그 폭은 1포인트나 1.5포인트에 그치는 게 아니라 3포인트도 될 수 있다. 며칠 뒤 다시 상승세를 재개할 때 잘 지켜보면 거래량이 앞서 큰 주가 흐름이 처음 시작됐을 때만큼 많지 않다는 것을 알 수 있을 것이다. 이제 주식을 매수하기가 더 힘들어지고 있는 것이다. 이런 경우 주가 상승세는 이전보다 훨씬 더 빨라질 것이다. 주가는 앞서 기록했던 전고점 60달러에서 자연스러운 조정조차 받지 않고 금세 68달러 혹은 70달러까지 올라선다. 이때 나타나는 정상적인 조정에서는 하락폭이 좀 깊을 수 있다. 65달러까지 떨어지는 경우도 드물지 않은데, 그렇다 해도 정상적인 조정일 뿐이다. 그러나 하락폭이 5포인트 수준이라면 며칠 안에 상승세가 재개돼야 하며, 주가는 반드시 역사적인 신고가를 기록해야 한다. 이제 여기서부터 시간이라는 요소를 고려해야 하는 것이다.

주식에 질질 끌려 다녀서는 절대 안 된다. 상당한 이익을 얻은 다음에도 참고 기다릴 줄 알아야 하지만, 위험 신호를 무시할 정도로 고집스럽게 인내해서는 안 된다.

주가는 다시 상승하기 시작해 하루에 6포인트 혹은 7포인트 오르고, 다음날에는 엄청난 거래량과 함께 8~10포인트 오를 수도 있다. 그런데 그날 장 막판에 갑자기 비정상적인 급락세가 나타나 7~8포인트 떨어진다. 다음날 아침까지 1포인트 정도의 추가적인 조정이 이어지지만, 다시 한번 상승세를 가동해 아주 강력한 오름

세로 그날 장을 마감한다. 하지만 이런저런 이유로 다음날까지 상승세가 계속되지 못한다.

이것이야말로 아주 긴급한 위험 신호다. 이번 주가 흐름이 시작된 이후 지금까지는 자연스러우면서도 정상적인 조정만 있었다. 그러다 갑자기 비정상적인 조정이 나타난 것이다. 내가 여기서 "비정상적인(abnormal)" 조정이라고 말하는 이유는 바로 그날 장중에 고가 대비 6포인트 이상 떨어지는 일이 벌어졌기 때문이다. 이제껏 없었던 일이 생긴 것이다. 주식시장에서 이런 비정상적인 상황이 발생하면 즉각 위험 신호로 받아들여야지 결코 이를 무시해서는 안 된다.

주가 흐름이 자연스럽게 진행되는 동안에는 계속해서 주식을 보유한 채 참고 기다리는 인내가 필요했다. 그런데 이제는 위험 신호를 기꺼이 받아들이고 한 걸음 비켜설 수 있는 용기와 훌륭한 감각이 있어야 하는 것이다.

이 같은 위험 신호가 항상 옳다고 말하는 것은 아니다. 앞서도 지적했듯이 주가의 움직임에 관한 한 100% 정확한 규칙은 없기 때문이다. 하지만 꾸준히 이 위험 신호에 주의를 기울인다면 장기적으로 엄청난 이익을 거둘 것이다.

한 위대한 천재 투기자가 이런 이야기를 들려줬다. "위험 신호가 깜박거리고 있음을 감지하면 나는 절대 따지지 않습니다. 무조건 빠져나갑니다! 며칠 뒤 모든 게 다 괜찮아지면 그때야 언제든 다시 복귀할 수 있지요. 그 덕분에 나는 걱정도 덜고 손실도 많이 줄일 수 있었습니다. 이런 식으로 생각하는 거죠. 가령 철길을 따라 걷고 있는데, 기차가 시속 60마일 속도로 나를 향해 달려오고 있는 것을 봤습니다. 그렇다면 바보 천치가 아닌 다음에야 당연히 철길에서 벗어나 기차가 지나가게 하겠지요. 기차가 지나간 다음 나는 언제든 다시 철길을 따라 걸을 수 있으니까요. 내가 원하기만 한다면 말입니다." 나는 이 이야기를 떠올릴 때마다 생생하게 살아있는 투기의 지혜를 느낀다.

분별력 있는 투기자라면 누구나 위험 신호를 늘 예의주시한다. 그런데 참 이상한 것은 반드시 포지션을 정리하고 빠져나와야 할 때 자기 내부의 무언가가 붙잡는 바람에 그런 용기를 내지 못하고 주저앉아버리는 고질병을 대부분의 투기자들이 갖고 있다는 것이다. 이들이 멈칫거리며 망설이는 동안 시장은 몇 포인트나 더 불리하게 돌아간다. 그러면 매수 포지션을 취했던 투기자는 이렇게 말한다. "다음 번 반등 때는 빠져나갈 거야!" 바라던 대로 마침내 다음 번 반등이 찾아오면 앞서 하겠다고 마음먹었던 것을 잊어버린다. 이들이 보기에 시장은 다시 괜찮게 돌아가고 있기 때문이다. 그러나 반등은 일시적인 기세에 불과해 곧 사그라진다. 그 뒤 시장은 가차없이 하락세를 타기 시작한다. 이들은 주저하고 망설이는 바람에 붙잡혀버린 것이다. 만일 이들이 제대로 된 가이드를 활용했더라면 어떻게 해야 할지 알았을 것이고, 그랬다면 막대한 손실을 줄일 수 있었을 뿐만 아니라 걱정할 필요조차 없었을 것이다.

다시 한번 말해두겠다. 모두들 갖고 있는 인간적인 측면이야말로 대개의 투자자 혹은 투기자에게 가장 큰 적이다. 크게 올랐던 주식인데, 비록 지금은 하락세로 돌아섰다 해도 한번쯤 반등은 나오지 않겠는가? 물론 주가가 어느 수준까지 떨어지면 반등이 있을 것이다. 하지만 왜 자기가 바라는 딱 그 시점에 반등이 나올 것이라고 기대하는가? 그럴 가능성은 적다. 만일 그렇게 된다 해도 주저하고 망설이는 성격의 투기자는 이를 전혀 활용하지 못할 것이다.

그래도 투기를 진지한 사업으로 여기려고 하는 사람들에게 분명히 해두고 싶은 것은, 이렇게 됐으면 하고 바라는 마음은 지워버려야 한다는 것이다. 이건 내가 의도를 갖고 재차 강조하는 것이다. 매일 혹은 매주 투기를 해서 성공할 수 있는 사람은 아무도 없다. 기회는 1년에 몇 차례밖에 없다. 네다섯 번이 고작이다. 이런 기회가 왔을 때 비로소 가진 돈을 전부 걸어야 한다. 그 사이에는 다음 번 큰 주가 흐름을 시장 스스로 만들어내도록 기다려줘야 한다.

큰 주가 흐름이 시작되는 시점을 정확히 판단했다면, 어떤 식으로 거래했든 처음부터 이익을 보게 될 것이다. 이때부터 해야 할 일은 경계를 늦추지 말고 위험 신호가 나타나는지 예의 주시하는 게 전부다. 위험 신호가 출현하면 일단 물러서서 평가이익을 실현해야 한다.

이 점을 기억하기 바란다. 당신이 아무 일도 하지 않는 동안 다른 사람들, 그러니까 매일같이 거래해야 한다고 생각하는 투기자들이 바로 당신이 도전할 다음 번 기회를 준비해가고 있는 것이다. 당신은 그들이 저지른 실수에서 이익을 수확하면 된다.

투기는 너무나도 흥미진진하다. 투기를 하는 대부분의 사람들이 증권회사 객장을 휘젓고 다니거나 수시로 전화 상담을 받기도 하고, 일을 마친 다음에는 온갖 모임에 나가 친구들과 시장에 대해 이야기한다. 하루종일 주가 티커나 트랜스럭스(translux, 미국에서 처음으로 종목별 주가를 전광판 형식으로 보여주었던 디스플레이 기기-옮긴이)에 대한 생각이 떠나질 않는다. 이들은 작은 등락에 너무 연연하다 보니 큰 주가 흐름을 놓친다. 결국 대세상승이나 대세하락처럼 추세가 본격적으로 진행될 때는 거의 대다수가 잘못된 방향으로 거래하게 되는 것이다. 매일같이 일어나는 시장의 작은 움직임에서 이익을 얻으려고 하는 투기자는 막상 결정적인 시장의 변화가 일어났을 때 이를 십분 활용할 수 있는 포지션을 취하지 못한다.

이런 약점을 바로잡기 위해서는 지금까지의 주가를 하나하나 기록하고 주가 흐름이 어떻게 진행되고 있는지 분석해야 한다. 이와 동시에 시간이라는 요소도 빠뜨리지 말고 염두에 둬야 한다.

오래 전에 들은 일화가 있다. 캘리포니아 산간지방에 살면서 시세를 3일이나 늦게 받아보는데도 대단한 성공을 거둔 투기자에 관한 이야기다. 이 남자는 1년에 두세 번 자기가 거래하는 샌프란시스코의 증권회사를 찾아와 나름대로의 포지션에 따라 매수 주문을 내거나 매도 주문을 냈다. 당시 그 증권회사에 있던 내 친구 하나가 하도 궁금해서 그에 관해 몇 가지 물어봤다. 이 남자는 티커처럼 시장 정보를 알려주는 매체가 전혀 없는 산골짜기에 살고 있으며, 증권회사에는 거의 찾아오지도 않고, 가끔 한 번씩 거래하면 엄청난 물량을 주문한다는 말을 듣고 친구는 기절할 뻔했다. 마침내 친구는 이 남자를 소개받아 얘기를 나누게 됐는데, 첩첩산중의 아주 외딴 곳에 살면서 주식시장 동향을 어떻게 알 수 있는지 그에게 직접 물어봤다.

그가 답했다. "그건 말이지요, 나는 투기를 하나의 사업으로 합니다. 만일 이런저런 것들로 인해 혼란스러워 한다거나 사소한 변동에도 심란해 한다면 내 사업은 실패하고 말 겁니다. 그래서 멀리 떨어져 있는 거지요. 혼자 생각할 수 있는 곳으로 말입니다. 아시다시피 나는 시장에서 무슨 일이 벌어지고 있는지 다 기록해둡니다. 물론 일어난 다음이지요. 그렇게 하면 시장이 지금 어떻게 돌아가는지 훨씬 명료하게 보입니다. 진짜로 큰 주가 흐름은 시작한 그날 바로 끝나지 않습니다. 정말로 큰 주가 흐름이라면 마침표를 찍기까지 시간이 좀 필요하지요. 일단 포지션을 취해놓고 깊은 산속에 들어가 가만 앉아 있으면서 큰 주가 흐름이 완성될 시간을 주는 겁니다. 그런데 이런 날이 찾아오지요. 신문에서 주가를 확인해 나름대로 기록을 해나가는데, 글쎄 내가 적어 넣은 주가가 한동안 뚜렷한 패턴을 보여줬던 주가 흐름과 맞지 않는다는 사실을 발견하는 겁니다. 바로 그때가 결심하는 순간이지요. 나는 곧바로 시내로 나가 바쁘게 움직입니다."

오래 전에 있었던 일이다. 산간오지에 살던 이 남자는 상당한 기간 동안 시종일관하게 주식시장에서 꽤 많은 돈을 벌어갔다. 그 남자 이야기를 듣자 나는 뭔가 영감 같은 게 떠올랐다. 그동안 모아둔 온갖 자료들에다 시간이라는 요소를 결합시키기 위해 나는 그 어느 때보다 더 열심히 일하기 시작했다. 그렇게 꾸준히 노력한 결과 내가 기록한 것을 토대로 다가올 주가 움직임을 놀라울 정도로 정확히 예측할 수 있게 된 것이다.

3 Follow the Leaders
주도주를 따르라

주식시장에서 한번 성공적인 시기를 보내고 난 다음에는 늘 부주의하게 방심하거나 과도한 욕심을 부리려는 유혹에 빠져든다. 이럴 때 자신의 소중한 재산을 지켜내기 위해서는 건전한 상식과 명석한 사고가 필요하다. 올바른 원칙만 단단히 붙잡는다면 일단 자기 수중에 들어온 돈을 도로 내줘야 할 이유가 없을 것이다.

 누구나 다 알고 있듯이 주가는 끊임없이 오르내린다. 지금까지 늘 그래왔고 앞으로도 계속 그럴 것이다. 대세상승이나 대세하락 같은 큰 주가 흐름의 이면에는 거역할 수 없는 힘이 존재한다는 것이 내 지론이다. 이것만 알고 있으면 충분하다. 주가 흐름을 만들어내는 갖가지 이유를 전부 다 알고 싶어하는 것은 바람직하지 않다. 쓸데없는 것들로 인해 괜히 머리만 복잡해질 수 있다. 큰 주가 흐름이 만들어졌다는 사실을 인식하고, 이 흐름에서 이익을 얻을 수 있도록 조류를 따라 자신의 "투기 호(speculative ship)"를 항해해

가면 된다. 시장을 둘러싼 여건과 다투지 말라. 그리고 무엇보다 상황에 맞서 싸우려고 해서는 절대 안 된다.

또 하나 기억해둬야 할 게 있다. 주식시장 전부를 투기 대상으로 삼는 것은 위험하다는 것이다. 이 말은 한 번에 너무 많은 주식에 관심을 쏟지 말라는 의미다. 다수의 여러 종목보다는 소수의 몇몇 종목만 주목해서 지켜보는 게 훨씬 쉽다. 나는 여러 해 전에 이런 실수를 저질렀고 그 결과 돈을 잃었다.

내가 저지른 또 다른 실수가 있다. 특정 업종의 한 종목 주식이 전체 시장 흐름에서 벗어나 방향을 완전히 바꾸었다고 해서 시장 전반을 보는 내 시각을 180도 바꿔 강세나 약세 시각으로 전환한 것이다. 포지션을 바꿔 새로 거래하기에 앞서, 인내심을 갖고 다른 업종 주식들도 시장 전반의 상승세 혹은 하락세가 끝났음을 알려줄 때가 오기를 기다려야 했다. 시간이 되면 틀림없이 다른 주식들도 똑같은 신호를 보여줄 터였다. 이게 바로 내가 참고 기다려야 했던 단서였다.

그러나 나는 그렇게 하지 못했고, 오히려 시장 전체를 상대로 바쁘게 움직이려는 충동을 느꼈다. 덕분에 값비싼 대가를 치러야 했다. 한마디로 나는 건전한 상식과 냉정한 판단 대신 무조건 행동에 나서고 싶어하는 욕망에 사로잡혔던 것이다. 물론 그렇게 해서 단행한 첫 번째 업종과 두 번째 업종의 주식 거래에서는 돈을 벌었다. 그러나 제로 아워(zero hour, 미리 계획한 행동개시 시간–옮긴이)가 도래하기 전에 뛰어든 다른 업종에서 앞서 번 돈의 상당 부분을 날려버렸다.

1920년대 말 격렬한 강세장이 이어지고 있을 무렵 나는 구리 업종 주식의 상승세가 종착점에 다다랐음을 확실히 알 수 있었다. 얼마 안 있어 자동차 업종 주식의 상승세도 최후의 정점에 도달했다. 이들 두 업종에서 강세장이 끝났으므로 나는 곧 마음 놓고 모든 주식을 공매도할 수 있다는 잘못된 결론을 내리게 됐다. 이런 섣부른 판단에 따라 행동한 결과 얼마나 많은 돈을 날리게 됐는지는 입에 담기조차 싫을 정도다.

나는 구리 주식과 자동차 주식을 거래해 막대한 평가이익을 거둔 상태였지만, 그 후 6개월간 유틸리티(공공서비스) 업종 주식이 천정을 치는 것을 찾아내느라 입은 손실이 이보다 더 많았다. 마침내 유틸리티 업종을 비롯한 다른 업종 주식들도 최후의 정점에 도달했다. 이때는 아나콘다(Anaconda)의 주가가 이전 고점 대비 50포인트나 떨어졌고, 자동차 주식들도 이와 비슷한 하락률을 기록한 상태였다.

내가 여기서 확실히 전달하고자 하는 것은 특정 업종 주식에 어떤 움직임이 다가오는 게 분명하게 보이면 즉시 대응하라는 것이다. 그러나 다른 업종 주식까지 똑같은 방식으로 대응해서는 안 된다. 두 번째 업종 주식도 먼저 움직인 업종을 따라가는 뚜렷한 신호가 나타날 때까지 인내심을 갖고 기다리라는 말이다. 때가 되면 첫 번째 업종 주식에서 받았던 것과 똑같은 정보를 다른 업종 주식에서도 얻을 것이다. 그때까지는 행동 반경을 시장 전체로 확대해서는 안 된다.

주가 흐름에 대한 연구는 그날 가장 두드러진 움직임을 보인 종목들로 한정해야 한다. 거래량이 활발한 주도주에서 돈을 벌지 못한다면 주식시장 전체로 눈을 돌려도 역시 돈을 벌지 못할 것이다.

여성용 의류나 모자, 값싼 장신구의 스타일이 유행에 따라 끊임없이 변하듯 주식시장의 주도주도 오래된 것은 도태하고 새로운 것이 그 자리를 대신한다. 예전에 최고의 주도주들은 철도회사와 아메리칸 슈가(American Sugar), 토바코(Tobacco) 주식이었다. 뒤를 이어 철강회사가 주도주로 부상했고, 아메리칸 슈가와 토바코 주식은 뒤로 물러났다. 다음으로는 자동차회사가 떠올랐고, 그런 식으로 지금까지 이어져왔다. 현재는 네 가지 업종 주식이 시장에서 확고하게 주도주 자리를 점하고 있는데, 철강회사와 자동차회사, 항공회사, 통신판매회사 주식이다. 이들 주식이 움직이면 전체 시장도 같은 방향으로 움직인다. 시간이 지나면 새로운 주도주가 부상할 것이고, 예전 주도주 가운데 일부는 탈락할 것이다. 주식시장이 존재하는 한 영원히 이런 식으로 흘러갈 것이다.

분명한 사실은 한번에 너무 많은 종목의 주식을 보유하려고 하는 것은 안전한 방법이 아니라는 점이다. 문제만 복잡해지고 머리만 어지러워질 것이다. 가능하면 몇 개 업종 주식만 분석하겠다고 생각하라. 괜히 전 종목을 세밀히 분석하려고 시도하는 것보다 이렇게 하는 게 진짜 확실한 그림을 훨씬 더 쉽게 그려낼 수 있다. 네 가지 탁월한 업종에서 각각 두 종목씩 선정해 정확히 주가 흐름을 분석해보기만 하면 굳이 나머지 주식들이 어떻게 움직일지 걱정하지 않아도 된다. "주도주를 따르라"는 옛말도 있지 않은가. 유연한 사고를 가지라. 오늘의 주도주들이 2년 뒤에는 주도주가 아닐 수도 있다는 점을 명심하기 바란다.

지금 나는 네 가지 업종 주식들을 기록하고 있다. 그렇다고 해서 내가 한꺼번에 네 가지 업종 주식을 모두 거래한다는 말은 아니다. 하지만 확실한 목적을 갖고서 그렇게 하는 것이다.

아주 오래 전 주가의 흐름이라는 것에 처음으로 흥미를 느꼈을 때 나는 앞으로의 주가 움직임을 정확히 예측할 수 있는지 내 능력을 테스트해보기로 마음먹었다. 나는 늘 갖고 다니는 조그만 장부에 가상의 거래를 기록해나갔다. 시간이 지나자 난생 처음 실전 거래를 하게 됐다. 첫 거래의 기억은 절대 잊혀지지 않을 것이다. 그때 친구와 함께 시카고, 벌링턴 앤 퀸시 레일웨이(Chicago, Burlington & Quincy Railway) 주식을 다섯 주 매수했는데, 이 가운데 절반이 내 몫이었고 여기서 내가 거둔 이익은 3.12달러였다. 그 이후 나는 독자적인 투기자가 된 것이다.

현재와 같은 상황이라면 엄청난 물량을 거래하는 예전 방식의 투기자들이 성공할 가능성은 그리 높지 않을 것이다. 여기서 말하는 예전 방식의 투기자들은, 주식시장 참여자도 많고 유동성도 높았던 시절에 한 종목 주식을 5000주에서 1만 주씩 매수해 보유하거나 혹은 공매도 포지션을 취했는데, 그래도 주가에 큰 영향을 미치지 않고 마음대로 시장에 진입하고 또 시장을 빠져나갈 수 있었다.

매수든 공매도든 투기자가 맨 처음 포지션을 취한 다음 주식이 정확히 움직여준다면 그때부터는 마음 놓고 물량을 계속 늘려가도 된다. 예전에는 자신의 판단이 틀렸다고 판명이 날 경우 투기자는 아주 심각한 손실을 입지 않고도 쉽게 포지션을 정리할 수 있었다. 그런데 요즘은 시장의 유동성이 예전보다 워낙 줄어들었고, 이 바람에 최초의 포지션을 도저히 더 이상 가져갈 수 없어 바꿔야 할 경우 치명적인 손실을 입을 수도 있다.

한편으로는 앞서도 지적했듯이, 행동을 개시할 적절한 시점을 기다릴 만한 인내심과 판단력을 지녔다면 요즘 투기자들이 궁극적으로 훌륭한 이익을 거둘 가능성이 더 높다고 생각한다. 왜냐하면 옛날에는 시세조종을 통해 인위적으로 만들어낸 주가 움직임이 하도 많아 과학적인 계산이 전혀 통하지 않곤 했는데, 현재 주식시장에서는 그런 일이 불가능하기 때문이다.

따라서 오늘날 시장이 처해있는 여건 아래서는 어떤 현명한 투기자도 옛날같았으면 당연하게 여겼을 대규모 거래를 섣불리 시도하지 않을 것이다. 또 제한된 몇몇 업종만 분석하고 그 업종에 속한 주도주만 탐색할 것이다. 실행하기 전에 잘 살펴야 한다는 점을 배울 것이다. 투기 시장도 이제 새로운 시대로 접어들었다. 합리적이고, 열심히 공부하고, 경쟁력 있는 투자자와 투기자에게 더 안전한 기회가 주어지는 시대가 열린 것이다.

Money in the Hand
내 손 안의 돈을 느껴보라

여유 자금을 굴릴 때는 절대 다른 사람에게 맡겨둬서는 안 된다.

여유 자금이 몇 백만 달러가 됐든 몇 천 달러가 됐든 이건 반드시 지켜야 하는 중요한 가르침이다. 당신의 돈이기 때문이다. 당신이 그 돈을 잘 간수해야 그 돈은 당신 곁을 떠나지 않는다. 잘못된 투기야말로 그 돈을 잃는 가장 확실한 방법이다.

무능한 투기자들은 별의별 실수를 다 저지른다. 손실이 난 주식을 물타기 하는 문제는 이미 경고했다. 이건 가장 자주 나타나는 행태다. 무수한 사람들이 어떤 주식을 매수할 것이다. 가령 50달러에 100주를 샀다고 하자. 이틀이나 사흘 뒤 주가가 47달러로 떨어지면 추가로 100주를 사들여 평균 매수단가를 48.50달러로 낮추려는 강한 물타기 충동에 사로잡힐 것이다. 맨 처음 50달러에 매수한 100주가 3포인트 떨어진 것에 관심을 기울여야지, 100주를 추가로 매수했다가 주가가 44달러로 떨어지면 근심걱정이 두 배로 늘어날

텐데 그렇게 하려는 이유가 대체 무엇이란 말인가? 이렇게 되면 처음 매수한 100주에서 600달러의 손실이 날 것이고, 두 번째로 매수한 100주에서 또 300달러의 손실이 발생할 것이니 말이다.

만일 이런 불완전한 원칙을 굳이 고수하겠다면, 주가가 44달러로 떨어졌을 때는 200주를 매수하고, 41달러가 되면 400주를, 38달러가 되면 800주를, 35달러가 되면 1600주를, 32달러가 되면 3200주를, 29달러가 되면 6400주를 매수하는 식으로 물타기 물량을 계속 늘려나가야 한다. 과연 얼마나 많은 투기자가 이에 따르는 부담을 견뎌낼 수 있겠는가? 물론 자신이 확실한 원칙을 따르고 있다면 결코 중도에 그만둬서는 안 된다. 더구나 예로 든 것 같은 비정상적인 주가 움직임은 자주 나타나지 않는다. 하지만 투기자가 심각한 재난으로부터 자신을 지켜내기 위해서는 반드시 이런 비정상적인 주가 움직임을 피해야 한다.

지루하게 들릴 수도 있겠지만 재차 반복해서 강조하건대, 평균 매수 단가를 떨어뜨리는 일은 제발 하지 말라.

주식중개인에게서 들을 수 있는 딱 한 가지 확실한 정보가 있다. 바로 마진콜(margin call, 보유 주식의 주가가 떨어져 혹은 공매도한 주식의 주가가 올라 증거금이 부족해질 경우 이를 채워 넣으라는 요구-옮긴이)이다. 마진콜이 오면 즉시 계좌를 정리하라. 당신은 시장에서 잘못된 방향으로 베팅하고 있는 것이다. 왜 당신의 소중한 돈을 허튼 데다 주려고 하는가? 그 소중한 돈은 내일을 위해 잘 간수하라. 명백하게 손실이 나고 있는 거래보다는 더 매력적인 기회에 이 돈을 걸도록 하라.

성공하는 사업가는 다양한 고객들과 신용을 쌓으려 하지만, 생산한 제품을 한 명의 고객한테 전부 파는 것은 싫어한다. 고객의 숫자가 많을수록 사업 리스크는 그만큼 더 넓게 분산된다. 투기라는 사업에 종사하는 사람 역시 이와 마찬가지로 어떤 한 가지 모험 사업에 투자하는 자본은 일정 금액 이하로 제한하는 리스크 관리를 해야 한다. 투기자에게 현금이란 장사하는 상인에게 가게 선반에 있는 상품과 마찬가지다.

모든 투기자들이 저지르는 결정적인 실수 한 가지는 너무 단기간에 부자가 되겠다고 조바심하는 것이다. 2~3년 뒤에 자기 자본의 500% 수익률을 거두겠다고 생각하는 게 아니라 두세 달 안에 그렇게 하겠다고 덤비는 것이다. 가끔은 성공하기도 한다. 하지만 이렇게 성공한 용감한 트레이더들이 그 돈을 지킬 수 있을까? 지키지 못한다. 왜 그럴까? 건강하지 못한 돈이기 때문이다. 순식간에 굴러들어온 돈은 아주 잠깐 머물러있을 뿐이다. 이런 경험을 해본 투기자는 균형감각마저 상실한 채 이렇게 말한다. "두 달 만에 내 자본을 다섯 배로 만들었으니, 또 두 달 후에는 내 돈이 얼마가 될지 상상해봐! 정말 대박을 터뜨리게 될 거야."

이런 투기자는 절대 만족하는 법이 없다. 이들은 계속해서 대박을 노리고 전부를 걸다가 끝내 돌이킬 수 없는 실수를 저지르고 만다. 뭔가 극적이고 예측하지 못했던 일이 발생해 파국을 맞게 되는 것이다. 마침내 증권회사에서 부족한 증거금을 메우라는 최후통보가 날아든다. 마진콜 요구에 응할 수는 없고, 결국 이런 투기자는 한순간에 훅 하고 가버리는 것이다. 기껏해야 증권회사에다 조금만 더 시간을 달라고 사정하거나, 그렇게 운이 나쁘지만은 않아 따로 챙겨둔 비상금으로 작지만 다시 새 출발을 할 수 있다면 다행일 것이다.

작은 가게나 상점을 연 사업가라면 첫 해부터 자기가 투자한 돈의 25% 이상을 벌 수 있을 거라고 기대하지 않을 것이다. 그런데 투기 분야에 뛰어든 사람들은 25%의 투자 수익률도 아주 우습게 안다. 이들은 100%를 기대한다. 셈법 자체가 잘못된 것이다. 이들은 투기를 하나의 사업으로 보지 않는 것이고, 따라서 투기를 사업 원칙에 따라 해나가지도 못한다.

기억해두면 좋을 또 하나의 포인트를 소개하겠다. 성공적인 투기 거래를 끝마쳤다면, 그럴 때마다 자신이 거둔 이익에서 절반을 떼어내 이 금액을 안전한 금고 속에 넣어두라. 투기자라면 누구나 이를 철칙으로 삼아야 한다. 어느 투기자든 월스트리트에서 가져갈 수 있는 돈은 성공적인 투기 거래를 끝마치고 자기 계좌에서 인출해가는 돈이 전부라는 점을 명심하라.

팜비치에서 있었던 일이 떠오른다. 그때 나는 상당히 큰 금액의 공매도 포지션을 그대로 놔둔 채로 뉴욕을 떠나왔었다. 팜비치에 온 지 며칠 만에 주식시장이 큰 폭으로 하락했다. 이건 "미실현 이익"을 현금화할 수 있는 아주 좋은 기회였고, 나는 그렇게 했다.

그날 장이 마감된 뒤 나는 전신 담당자한테 가서 전보 한 통을 보내달라고 했는데, 내 계좌로 들어온 100만 달러를 즉시 은행에 입금시키도록 뉴욕 지점에 알리라는 내용이었다. 전신 담당자는 도저히 믿기지가 않는다는 표정이었다. 그는 전보를 보내고 난 뒤 혹시 그 전보 용지를 자기가 가져도 되겠느냐고 말했다. 나는 왜 그러느냐고 물었다. 그가 대답하기를 전신 담당자로 20년을 일했는데, 증권회사 지점에다 대고 고객 계좌에 있는 돈을 은행에 입금시키라는 전보를 보내보기는 처음이라는 것이었다. 그는 계속해서 이렇게 말했다.

"매일 수도 없이 많은 전보가 전달되는데, 전부 증권회사에서 고객들한테 부족한 증거금을 메우라고 요구하는 내용이지요. 선생님이 보내달라는 것 같은 전보는 정말 처음입니다. 우리 아이들에게 보여주고 싶군요."

대개의 투기자가 증권회사의 자기 계좌에서 돈을 인출할 수 있는 유일한 시점은 매수든 공매도든 아무 포지션도 취하지 않고 있는 경우 혹은 계좌 잔액이 증거금을 충당하고도 남을 때뿐이다. 그런데 시장이 불리하게 돌아간다 싶으면 남은 잔액을 전부 증거금으로 써야 하기 때문에 돈을 인출하지 않는다. 또 성공적으로 거래를 마친 다음에는 혼자 이렇게 다짐하면서 돈을 꺼내지 않는다.

"다음 번에는 이보다 두 배는 더 벌 거야."

그러다 보니 대부분의 투기자들이 좀처럼 돈 구경을 하지 못하는 것이다. 이들에게 돈이란 실재하지도 않고 만질 수도 없는 존재다. 오래 전부터 나는 성공적으로 거래를 마친 뒤에는 습관처럼 현금을 인출했다. 한번에 20만 달러 혹은 30만 달러씩 찾곤 했다. 좋은 방법이다. 심리적으로도 충분히 해볼 만한 가치가 있다. 당신도 이런 방법을 쓰도록 하라. 현금을 세어보라. 나는 그렇게 해봤다. 내 손에 뭔가가 들려져 있다는 것을 알게 됐다. 그걸 느낄 수 있었다. 이게 진짜 돈이었다.

일단 자기 손가락으로 느껴볼 수 있는 돈은 증권회사 계좌나 은행 계좌에 들어있는 돈과 다르다. 직접 만져보면 뭔가 다른 의미를 얻을 것이다. 당신이 애써 거둔 이익을 고집을 부리다 날려버릴 가능성을 조금이라도 낮춰줄 수 있는 "소유하고 있다는 느낌" 같은 것 말이다. 그런 점에서 가끔 한번씩은 실제로 돈을 인출해 만져보라. 특히 한 차례 거래를 끝내고 다시 거래하기 전에 그렇게 해보라.

대개의 투기자들은 이 문제에 관해 너무 안이하게 생각한다.

투기자라면 모름지기 운이 좋아 처음 투자한 원금을 두 배로 불렸을 경우, 자기가 거둔 이익의 절반을 즉시 인출해 예비자금으로 따로 챙겨둬야 한다. 이 방법은 내게 아주 여러 차례 엄청난 도움을 주었다. 투기라는 사업을 하는 동안 처음부터 끝까지 이 방법을 고수하지 않았던 것이 안타까울 따름이다. 그랬더라면 몇몇 경우 좀더 순탄한 길을 걸을 수도 있었을 것이다.

나는 월스트리트를 나가서는 어디서도 돈 한 푼 벌 수 없었다. 오히려 월스트리트에서 번 돈을 다른 모험사업에 "투자" 했다가 수백만 달러를 날렸다. 기억나는 것만 해도, 플로리다 붐이 불었을 때 부동산에 투자했고, 유전 개발과 항공기 제조에도 투자했으며, 새로운 발명품을 완성하고 마케팅 하는 데도 투자했다. 그런 식으로 투자한 것마다 나는 1센트도 남김없이 다 날렸다.

한번은 이렇게 본업이 아닌 모험사업에 투자하면서 나 스스로 한껏 달아올라 친구한테 5만 달러를 투자하라고 부탁하기까지 했다. 그 친구는 내 이야기를 매우 진지하게 들었다. 말을 마치자 그가 입을 열었다. "리버모어, 자네는 본업 이외의 어떤 사업에서도 절대 성공할 수 없을 거야. 만일 자네의 본업인 투기 사업에다 5만 달러를 대라면 자네가 요구하는 대로 하겠네. 그러니 제발 투기 사업에 충실하게나. 다른 사업에서는 손을 떼라고."

다음날 아침 놀랍게도 편지를 받았는데, 봉투 안에는 이제 더 이상 필요하지 않게 된 금액의 수표가 들어있었다.

여기서 다시 얻을 수 있는 교훈은, 투기 그 자체는 하나의 사업이며 누구라도 그런 시각으로 봐야 한다는 것이다. 흥미진진하다는 이유로 혹은 사탕발림이나 유혹에 넘어가는 바람에 판단이 흐려져서는 안 된다. 고의적으로 그러는 것은 아니지만 증권회사는 때로 많은 투기자들을 몰락하게 만든다. 증권회사가 하는 사업은 수수료를 버는 것이다. 고객들이 거래를 하지 않으면 수수료를 벌 수가 없다. 고객들이 더 많이 거래할수록 증권회사는 더 많은 수수료를 벌어들인다. 투기자는 거래하기를 좋아하고, 증권회사는 기꺼이 그러기를 바랄 뿐만 아니라 종종 과도한 트레이딩을 부추기기까지 한다. 제대로 알지 못하는 투기자는 증권회사가 자기 편이라고 여기고는 곧 과도한 트레이딩에 빠져든다.

만일 투기자 자신이 마음껏 거래를 해야 할 시기가 정확히 언제인지 알 정도로 똑똑하다면 아무리 많이 거래해도 상관없다. 언제 마음껏 거래를 할 수 있으며, 또 언제 마음껏 거래를 해야 하는지 그 시기를 알 것이니 말이다. 하지만 일단 이런 습관이 몸에 배면 제아무리 똑똑한 투기자라 해도 이를 멈추지 못한다. 과도한 트레이딩에 흥분하게 되고, 종국에는 성공적인 거래에 필수적인 아주 냉정한 균형감각마저 상실해버리는 것이다. 이들은 자기 판단이 틀리는 날이 올 것이라고는 절대 생각하지 않는다. 그러나 그날은 반드시 오고야 만다. 쉽게 번 돈은 날개를 펴 날아오르고, 이제 또 한 명의 투기자가 파산하는 것이다.

지금 이 거래를 해도 재무적으로 안전하다는 게 확실하지 않다면 결코 거래해서는 안 된다.

5. 분기점 활용하기
The Pivotal Point

내가 "분기점"이라고 부르는 지점이 있는데, 시장이 이 분기점에 다다를 때까지 인내하며 참고 기다렸다가 거래를 시작했을 때는 항상 돈을 벌었다.

왜 그럴까?

그것은 새로운 주가 움직임이 시작되는 심리적 시점에 정확히 맞춰 행동을 개시했기 때문이다. 이런 경우 굳이 걱정할 정도로 손실이 나는 일은 절대 없다. 그건 아주 간단한 이유 덕분이다. 나를 인도해주는 원칙이 그렇게 하라고 말해주면 곧바로 행동에 나서고, 그때부터 비로소 포지션을 늘려나가기 시작하는 것이다. 그 이후에 내가 해야 할 일이란 오로지 가만히 앉아서 시장이 제 갈 길을 가도록 내버려두는 게 전부다. 때가 되면 시장의 움직임이 나로 하여금 이익을 실현하라는 신호를 줄 것이라는 사실을 잘 알고 있기 때문이다. 게다가 내가 용기와 인내를 갖고 그 신호를 기다릴 때마다 시장은 다양한 방식으로 신호를 보내주었다. 새로운 시장 흐름이 시작됐는데, 제때 신속하게 들어가지 못하면 그 흐름에서 결코 큰 이익을 얻지 못한다는 점은 경험을 통해 매번 확인하는 것이다. 그 이유는 맨 처음에 이익을 확보하지 못했기 때문이다. 시장 흐름이 다 끝날 때까지 자리를 지키고, 또 시장 흐름이 완성되는 과정에서 불가피하게 자주 나타나는 작은 조정이나 반등에 흔들리지 않으려면 용기와 인내가 필요한데, 이런 용기와 인내를 가지려면 맨 처음에 이익을 확보하는 게 필수적이다.

참고 기다리다 보면 적절한 시점에 시장이 이제 진입해도 된다는 정확한 정보를 보내오는 것처럼 시장은 언제 시장을 빠져나가야 할지에 대해서도 틀림없이 정보를 알려줄 것이다. "로마는 하루아침에 이루어지지 않았다." 마찬가지로 대세상승이나 대세하락 같은 시장의 큰 흐름은 하루나 한 주 만에 끝나지 않는다. 필연적인 과정을 거치려면 어느 정도의 시간이 필요하다. 시장 흐름의 가장 결정적인 부분은 그 움직임의 마지막 48시간 동안 나타나는데, 따라서 이때를 놓치지 않는 게 무엇보다 중요하다는 점을 명심해야 한다.

예를 들어보자. 어떤 주식이 상당한 기간 동안 하락 추세를 이어오다 40달러의 저점을 기록했다. 그리고는 급반등해 며칠 만에 45달러까지 상승한 뒤 다시 내려와 일주일간 몇 포인트 정도의 좁은 범위 안에서 움직이다가, 재차 반등폭을 넓혀 49.50달러까지 올라갔다. 그러고 나서 시장은 며칠 동안 소강 상태로 접어들어 거래도 부진해졌다. 그러다 어느날 다시 활발한 거래 속에 주가가 3~4포인트 하락한 다음 계속 미끄러져 분기점인 40달러 근방까지 내려왔다. 바로 여기가 주의를 기울여 시장을 지켜봐야 할 때다. 왜냐하면 이 주식이 진짜로 본격적인 하락 추세를 재개할 것이라면 분기점인 40달러를 깨뜨리고 3포인트 이상 내려간 다음에야 눈에 띄는 반등이 나올 것이기 때문이다. 만일 주가가 40달러를 깨뜨리는 데 실패한다면 이번 하락 조정에서 만들어진 저점으로부터 3포인트 반등하면 곧바로 매수하라는 신호로 받아들여야 한다. 또 만일 40포인트를 깨뜨렸지만 그 밑으로 채 3포인트도 추가 하락하지 않았다면 주가가 43달러로 상승하자마자 즉시 매수해야 한다.

이런 두 가지 경우, 즉 40달러를 깨뜨리지 않고 반등해 저점으로부터 3포인트 상승했거나 혹은 40달러를 깨뜨렸다 하더라도 추가로 3포인트도 하락하지 않고 반등해 43달러까지 올라오면 거의 대부분 새로운 추세가 시작됐다는 신호다. 또한 이 추세가 상승 방향이라는 것을 확인해주기 위해서는 주가가 계속해서 상승해 분기점인 49.50달러를 돌파하고 추가로 3포인트 이상 더 올라가야 한다.

나는 시장의 추세를 이야기하면서 "강세장"이라든가 "약세장"이라는 말은 쓰지 않는다. 많은 사람들이 "강세장"이니 "약세장"이니 하는 말을 듣게 되면 곧바로 시장이 상당히 오랫동안 그 방향을 유지할 것이라고 생각할 것 같아서다.

이런 식으로 뚜렷하게 구분되는 큰 추세는 그리 자주 나타나지 않아 4~5년에 한 번 볼 수 있다. 하지만 비교적 짧은 기간 동안 이어지는 분명한 추세들이 그 중간중간에 꽤 많이 나타난다. 나는 이것들을 "상승 추세(Upward Trend)"와 "하락 추세(Downward Trend)"라고 부르는데, 특정 시기에 어떤 움직임이 일어나는지를 잘 표현해주기 때문이다. 게다가 시장이 상승 추세로 방향을 잡았다고 생각해 매수 포지션을 취했는데 몇 주가 지나 시장이 하락 추세로 향하고 있다는 결론을 내렸다면, 시장이 분명히 "강세장"이나 "약세장"에 진입했다는 확고한 판단 아래 어떤 포지션을 취했을 때보다 훨씬 수월하게 180도 반대되는 추세를 받아들일 수 있을 것이다.

주가나 상품 가격의 추이를 시간 요소와 함께 기록하는 리버모어 방식은 다음 번에 있을 중요한 흐름을 알려주는 기본적인 가이드 원칙을 30년 이상 연구한 결과물이다.

맨 처음에는 이렇게 기록해봐도 별로 도움이 되지 않는다는 사실을 발견했다. 몇 주 뒤 새로운 아이디어가 떠올라 한층 더 노력을 기울였지만, 이 역시 처음 방법을 개선하기는 했으나 내가 바라던 정보를 주지는 않는다는 것을 알게 됐다. 계속해서 새로운 아이디어들이 떠올랐고, 그럴수록 나는 새롭게 기록해나갔다. 이런 과정이 되풀이되자 점차 이전에 가져보지 못했던 아이디어들을 발전시킬 수 있었고, 하나하나 기록을 해나갈 때마다 더 나은 형태를 갖춰가기 시작했다. 그러나 내가 시간이라는 요소를 가격 흐름과 결합시키자, 비로소 그때부터 내 기록이 나에게 말을 하기 시작한 것이다!

그 결과 서로 다른 방식으로 기록했던 것들을 전부 합칠 수 있었다. 이렇게 결합한 기록은 분기점을 더 확실히 알 수 있게 해주었으며, 또한 이 분기점을 활용해 시장에서 어떻게 이익을 거둬야 하는지도 가르쳐주었다. 그 후 지금까지 계산 방법은 수없이 바꿔왔지만, 이 기록들은 오늘도 누구에게든 말을 해줄 수 있는 방식을 유지하고 있다. 이 기록들이 얘기할 수 있게만 해준다면 말이다.

어떤 투기자든 특정 주식의 분기점을 결정할 수 있고, 또한 그 지점에서 나타난 주가 변동의 의미를 이해할 수 있다면, 주가 흐름이 시작되는 초입 단계에서 확신을 갖고 포지션을 취할 수 있을 것이다.

오래 전부터 나는 단순한 형태의 분기점을 거래에 활용해 수익을 거뒀다. 어느 종목의 주가가 50달러, 혹은 100달러, 200달러, 심지어 300달러를 기록하면, 곧바로 그 주가를 넘어서는 아주 빠른 움직임이 어떤 식으로든 나타나는 장면을 자주 목격했다.

이런 단순한 형태의 분기점을 활용해 맨 처음 수익을 거두려 했던 종목은 예전의 아나콘다 주식이었다. 아나콘다 주가가 100달러를 기록하는 순간 나는 4000주 매수 주문을 냈다. 몇 분 뒤 주가가 105달러를 넘어섰을 때 비로소 내가 낸 주문이 전부 체결됐다. 그날 아나콘다 주가는 10포인트 정도 더 상승했고, 다음날에는 또 한 차례 급등세를 나타냈다. 7~8포인트의 정상적인 조정이 몇 차례 있었을 뿐 상승세는 계속 이어져 주가는 금세 150달러를 훌쩍 넘어섰다. 그 사이 분기점인 100달러가 위협받은 적은 단 한 번도 없었다.

그 이후 나는 분기점이 작동하는 지점에서는 거의 놓치지 않고 아주 크게 거래했다. 아나콘다 주가가 200달러를 기록하자 나는 다시 멋지게 한판 성공시켰고, 300달러가 됐을 때도 똑같은 거래를 시도했다. 그런데 이번에는 주가가 적절한 수준까지 뻗어가지 못했다. 주가는 302.75달러에서 상승을 멈췄다. 당연히 이건 위험 신호였다. 그래서 보유하고 있던 8000주를 매도했는데, 운 좋게도 5000주는 300달러에, 1500주는 299.75달러에 각각 팔 수 있었다. 이렇게 6500주가 2분 안에 팔린 것이다. 하지만 나머지 1500주는 100주, 200주 단위로 팔려 전부 매도하는 데 25분이 걸렸고, 매도 가격도 조금씩 떨어져 마지막으로 팔린 가격은 그날 종가인 298.75달러였다. 만일 주가가 300달러를 깨고 그 밑으로 떨어지면 자유낙하를 하게 될 것이라는 느낌이 강하게 들었다. 다음날 아침은 정말 흥미진진했다. 아나콘다는 앞서 개장한 런던 시장에서 하락세를 보였고, 뉴욕 시장이 열리자 급락세로 출발했다. 결국 며칠 만에 아나콘다 주가는 225달러까지 떨어졌다.

   시장의 움직임을 예측하면서 분기점을 활용할 때는 반드시 이 점을 명심해야 한다. 만일 분기점을 넘어선 주가가 마땅히 가야 할 지점까지 상승하지 못하거나, 혹은 분기점을 깨뜨린 주가가 적정 수준까지 하락하지 않을 경우 이건 반드시 주의를 기울여야 하는 위험 신호다.

   위의 사례에서 본 것처럼 아나콘다 주가는 300달러를 넘어선 뒤 앞서 100달러와 200달러를 넘어섰을 때와는 전혀 다른 움직임을 보여주었다. 분기점인 100달러와 200달러를 돌파한 다음에는 곧장 적어도 10~15포인트를 아주 빠르게 상승했었다. 그런데 이번에는 주식을 매수하기가 힘들어진 게 아니라 반대로 시장에 계속해서 물량이 공급되고 있었고, 그 정도 물량이면 주가는 더 이상 상승세를 이어갈 수 없었다. 따라서 300달러를 넘어서자마자 나타난 주가 움직임은 이 주식을 보유하는 게 위험하다는 명백한 신호를 보내준 셈이었다. 어느 주식이든 분기점을 넘어선 다음에 대개 나타내는 움직임은 이번 경우와는 분명히 달랐다.

한 가지 더 기억나는 사례로는 매수 주문을 내기까지 3주나 기다렸던 베들레헴 스틸이다. 1915년 4월 7일 베들레헴 스틸 주가는 사상 최고가인 87.75달러를 기록했다. 분기점을 넘어선 주식들이 빠르게 상승하는 것을 이미 지켜본 데다, 베들레헴 스틸이 100달러를 돌파할 것이란 확신이 있었으므로 나는 4월 8일 처음 매수 주문을 내고 99달러에서 99.75달러 사이에서 물량을 확보했다. 그날 주가는 무려 117달러까지 상승했다. 주가는 미미한 조정을 제외하고는 멈추지 않고 고공비행을 계속 이어가 마침내 5일 뒤인 4월 13일에는 기록적인 상승세와 함께 155달러를 찍었다. 참고 기다리며 분기점을 잘 활용할 줄 아는 사람에게 어떤 보상이 돌아오는지 다시 한번 여실히 보여준 사례라고 할 수 있겠다.

그렇지만 나는 베들레헴 주식 거래를 여기서 끝내지 않았다. 베들레헴 주가가 200달러와 300달러를 돌파했을 때도 똑같이 거래했고, 현기증이 나는 수준인 400달러를 돌파했을 때 역시 다시 시도

했다. 그리고 나서도 물러서지 않았다. 시장이 약세로 돌아서면 그때 비로소 주가는 분기점을 깨고 밑으로 떨어질 것이라고 예상했기 때문이다. 가장 중요한 일은 최후까지 지켜보는 것이라는 점을 나는 잘 알고 있었다. 어느 주식이든 이 마지막 선을 넘어선 뒤 활력이 떨어지면 그때 내 시각을 바꿔 포지션을 정리하는 건 어렵지 않다.

덧붙이자면 나는 인내심을 잃은 채 분기점을 돌파하거나 깨뜨리는 것을 기다리지 못하고 별 생각 없이 손쉽게 이익을 얻으려 했을 때는 자주 돈을 잃곤 했다.

그 이후 고가주(高價株)들이 다양한 방식으로 주식 분할을 했고, 그러다 보니 내가 지금까지 설명한 식의 기회를 찾아보기는 힘들어졌다. 그럼에도 불구하고 분기점을 결정할 수 있는 다른 방법들이 있다. 예를 들어 2~3년 전에 신규로 상장된 어떤 주식이 있는데, 이 주식의 최고가는 신규 상장 직후에 기록한 20달러였다고 하자. 이 회사와 관련된 뭔가 긍정적인 재료가 나와 주가가 상승세를 탈 경우 이 주식이 신고가를 기록하는 바로 그 순간 매수하면 대개는 안전하다.

어떤 주식이 50달러, 혹은 60달러나 70달러까지 상승했다가 20포인트 정도 떨어진 다음 1~2년간 이전 고점과 이전 저점 사이에서 움직인다고 하자. 그러다 이전 저점을 깨고 내려가면 이 주식은 급전직하할 가능성이 높다. 왜 그럴까? 이 회사에 틀림없이 뭔가 잘못된 일이 있을 것이기 때문이다.

주가 기록을 항상 기억하면서 이를 시간 요소와 결합시켜 생각한다면 빠르게 움직이는 주가 흐름에 올라타 매매할 수 있는 수많은 분기점을 찾아낼 수 있을 것이다. 하지만 분기점에 기초해 거래하는 방법을 배우려면 인내가 요구된다. 메모장에 자기 손으로 직접 기입한 주가 기록을 연구해야 하고, 분기점이 얼마가 될 것인지 하나하나 미리 짚어봐야 하는데, 이를 위해서는 반드시 상당한 시간을 투자해야 한다.

이 같은 분기점 연구는 개인적인 탐색으로는 정말 믿기지 않을 정도의 환상적인 황금광(黃金鑛)이라는 사실을 확인할 수 있을 것이다. 자기 자신의 판단으로 성공적인 거래를 이뤄내면 여기서만 얻을 수 있는 기쁨과 만족을 느낄 것이다. 이렇게 거둔 이익은 다른 사람이 건네준 비밀정보나 조언으로부터 얻어지는 것들과는 도저히 비교할 수 없는 자부심을 선사해준다. 자기 힘으로 길을 찾아내고, 자기 방식대로 트레이딩하고, 항상 인내심을 갖고서, 늘 위험 신호를 경계한다면 적절한 사고의 흐름을 개발해나갈 수 있을 것이다.

이 책의 마지막 장에서는 좀더 복잡한 분기점들을 리버모어 시장 방식(Livermore Market Method)과 결합시켜 판단하는 나 자신의 방법을 자세히 설명할 것이다.

이따금 주워듣는 비밀정보나 다른 사람들의 종목 추천에 의지해 거래했다가 돈을 버는 사람은 거의 없다. 많은 사람들이 정보에 목말라하지만 막상 정보를 어떻게 활용하는지는 전혀 모르고 있다.

어느날 저녁 디너파티에서 있었던 일이다. 한 여성이 주식시장에 관한 조언을 좀 해달라고 조르는 바람에 도저히 견딜 수 없을 지경이었다. 나는 한순간 마음이 약해져 마침 그날 분기점을 넘어선 세로데파스코(Cerro de Pasco, 당시 남미 최대의 은광 지대인 세로데파스코에 투자한 미국의 자원기업—옮긴이) 주식을 좀 사두라고 말해줬다. 이 주식은 다음날 아침부터 상승하기 시작해 그 뒤 일주일 동안 미미한 조정은 있었지만 15포인트나 올랐다. 그러고 나서 주가 움직임은 위험 신호를 보내왔다. 나는 그 여성이 졸라댔던 일이 떠올랐고, 서둘러 아내를 시켜 그녀에게 전화해 주식을 팔라고 얘기해주라고 했다. 그런데 그녀가 아직 주식을 사지도 않았다는 사실을 알고는 정말 황당할 뿐이었다. 그녀는 먼저 내 정보가 정확한 것인지 확인해보고 싶었던 것이다. 참, 시장 정보를 주고받는 세상이란 다 이런 식이다.

상품시장에서도 아주 근사한 분기점을 자주 발견할 수 있다. 코코아는 당시 뉴욕코코아거래소에서 거래됐는데, 코코아 선물가격의 움직임은 오랫동안 투기자들에게 별로 매력을 끌지 못하고 있었다. 그렇다고는 해도 투기를 하나의 사업으로 한다면 크게 한판 할 수 있는 기회를 얻기 위해 모든 시장을 주시해야 한다.

1934년 내내 코코아 선물 12월 인도분의 최고가는 2월에 기록한 6.23달러였고, 최저가는 10월에 기록한 4.28달러였다. 1935년의 경우 최고가는 2월에 기록한 5.74달러, 최저가는 6월에 기록한 4.54달러였다. 1936년에는 3월에 기록한 5.13달러가 최저가였다. 그런데 그해 8월 코코아 선물시장은 여러 가지 이유로 인해 완전히 다른 시장이 돼버렸다. 거래량이 엄청나게 불어난 것이었다. 그 달에 기록한 코코아 가격은 6.88달러로 앞서 2년간 기록했던 최고가를 훨씬 넘어섰고, 이전의 두 분기점들보다도 높았다.

그해 9월 코코아 가격은 7.51달러까지 상승했고, 10월에는 8.70달러까지 올랐다. 11월에는 10.80달러, 12월에는 11.40달러를 기록하더니, 1937년 1월에는 무려 12.86달러까지 치솟았다. 5개월 동안 600포인트나 급등하면서 소폭의 정상적인 조정이 몇 차례 있었을 뿐이다.

매년 큰 변동 없이 움직여왔던 코코아 가격이 이처럼 급격한 상승세를 보인 데는 당연히 분명한 이유가 있었다. 코코아 공급의 심각한 부족이 그 이유였다. 분기점의 추이를 자세히 관찰했다면 코코아 시장에서 아주 근사한 기회를 발견했을 것이다.

메모장에 가격을 적어 내려가며 그 패턴을 잘 관찰하다 보면 가격이 당신에게 말을 걸어올 때가 있다. 자기가 그리고 있는 그림이 갑자기 어떤 형태를 갖춰가고 있다는 느낌이 드는 것이다. 이 형태는 지금 어떤 상황이 만들어져 가고 있는지 당신에게 분명히 보여주려고 애쓴다. 당신으로 하여금 이전에 기록했던 가격들을 되돌아보고, 지금과 비슷한 여건일 때 어떤 중요한 움직임이 있었는지 살펴보라고 주문한다. 세심한 분석과 훌륭한 판단이 있어야 자기 의견을 세울 수 있다고 당신에게 말해준다. 가격 패턴을 잘 들여다보면 모든 중요한 가격 흐름은 유사한 가격 흐름의 반복일 뿐이라는 사실을 알 수 있다. 따라서 과거의 가격 움직임에 익숙해지는 바로 그 순간, 다가올 가격 흐름을 예측하고 여기에 맞춰 정확히 대응해 수익을 거둘 수 있을 것이다.

이 같은 기록이 완벽하다고는 생각하지 않지만 나에게 도움이 된다는 사실을 강조해두고 싶다. 미래의 가격 흐름을 예측할 수 있는 토대가 분명히 존재하며, 누구든 이 같은 기록을 연구하고 자기 힘으로 계속 더해나간다면 투기 거래에서 돈을 벌 수밖에 없을 것이다.

만일 누군가가 내 방식대로 이렇게 기록해나간 결과 나보다 훨씬 더 많은 돈을 벌게 된다 해도 나는 전혀 놀라지 않을 것이다. 이런 말을 하는 데는, 이미 오래 전부터 해온 기록 분석의 결과로서 나름대로의 결론을 도출했고, 따라서 이제 내 방식을 처음 적용하는 사람들은 내가 놓친 새로운 핵심 포인트들을 금세 발견할 것이라는 전제가 깔려 있다. 이렇게 얘기하면 내 의도가 좀더 분명해질 것이다. 나는 더 이상의 핵심 포인트를 찾으려 애쓰지 않는다. 그 이유는 예전부터 사용해오고 있는 내 방식이 개인적인 목적으로는 더할 나위 없이 만족스럽기 때문이다. 그러나 누구든 이 같은 기본적인 방식으로부터 새로운 아이디어, 즉 그들의 목적에 맞게 그것을 사용한다면 내 기본적인 방식의 가치도 더 높여주는 아이디어를 개발해낼 수 있을 것이다.

누구라도 그렇게 할 수 있다면 나는 결코 그의 성공을 질시하거나 부러워하지 않을 것이다!

The Million Dollar Blunder
백만 달러짜리 실수

이번 장에서는 몇 가지 일반적인 트레이딩 원칙을 이야기하고자 한다. 그러고 나서 시간 요소와 가격을 결합한 내 공식의 좀 특별한 설명이 이어질 것이다.

일반적인 트레이딩 원칙을 감안할 때 너무 많은 투기자들이 충동적으로 주식을 사고 판다는 말을 하지 않을 수 없다. 이들은 대개 한 번에 보유 물량을 전부 확보하는데, 이건 잘못된 행동일 뿐만 아니라 위험하기까지 하다.

가령 당신이 어떤 주식을 500주 매수하려고 한다고 하자. 그러면 처음에는 100주만 매수한다. 매수한 뒤에 시장이 상승하면 추가로 100주 더 매수하고 계속 그런 식으로 해나간다. 하지만 추가로 매수할 때마다 각각의 매수 단가는 앞서 매수했을 때보다 높아야 한다.

이와 똑같은 원칙이 공매도에도 적용된다. 앞서 공매도했을 때보다 주가가 더 떨어지지 않았다면 추가로 공매도해서는 안 된다. 이 원칙을 충실히 따르면 내가 아는 다른 어떤 방법보다 더 올바른 길로 다가갈 수 있다. 이런 매매 원칙을 지켜야 하는 이유는 자기가 한 거래에서는 처음부터 계속해서 이익을 내야 하기 때문이다. 자신이 실행한 거래에서 이익을 내고 있다는 사실은 자신의 판단이 정확했음을 입증해주는 것이다.

내가 트레이딩하는 방식을 따라 하려면 우선 특정 주식과 관련된 상황을 파악해야 한다. 그 다음으로는 시장에 진입해도 괜찮은 주가가 어느 수준인지 결정하는 게 중요하다. 메모장에 기록해둔 주가를 분석하고, 지난 몇 주간의 주가 흐름을 꼼꼼히 따져보라. 자신이 선택한 종목이 앞서 결정해두었던 지점, 즉 그 가격에 도달하면 본격적인 움직임이 시작되는 지점에 닿을 때가 바로 처음으로 매매를 단행해야 할 시점이다.

첫 매매를 실행할 때는 반드시 자신이 감수하고자 하는 리스크를 명확히 해두어야 한다. 즉 계산이 잘못됐을 경우 기꺼이 손실을 받아들일 수 있는 금액을 정해두라는 말이다. 한두 번은 이런 식으로 매매를 했다가 손해를 볼 수도 있다. 하지만 꾸준히 이렇게 해나가면서 분기점에 도달할 때마다 빠지지 않고 시장에 재진입하게 되면 진짜 본격적인 움직임이 시작되는 순간을 붙잡을 수밖에 없을 것이다. 도저히 그 시점을 놓칠래야 놓칠 수가 없는 것이다.

그러나 무슨 일이 있어도 타이밍은 신중하게 잡아야 한다. 조바심을 냈다가는 비싼 대가를 치르고 만다.

인내하지 못하고 경솔하게 타이밍을 잡는 바람에 100만 달러 수익을 놓쳐버렸던 사례를 이야기해주겠다. 이 얘기를 할 때면 부끄럽고 창피해서 고개를 제대로 들지 못할 지경이다.

꽤 오래 전 일인데, 당시 나는 면화시장을 아주 강세 시각으로 바라보게 됐다. 면화 가격이 크게 오를 것이라는 확고한 견해를 나름대로 갖고 있었다. 하지만 자주 볼 수 있는 경우처럼 시장은 아직 상승세를 개시할 분위기가 아니었다. 그럼에도 불구하고 나는 일단 결론을 낸 이상 곧장 면화시장에 뛰어들어야 했다.

우선 2만 베일(bale, 1베일은 약 500파운드)을 시장가로 매수했다. 당시 면화시장은 거래가 워낙 부진했던 터라 내 매수 주문은 면화 가격을 15포인트나 끌어올렸다. 내가 낸 매수 주문의 마지막 100베일까지 다 체결되자 시장은 하루만에 내가 처음 매수하기 시작했던 그 가격으로 도로 미끄러졌다. 그리고는 몇 날 며칠을 그 자리에서 벗어나지 못했다. 나는 하도 답답해서 수수료를 포함해 3만 달러 정도의 손실을 보고 면화를 팔아버렸다. 당연히 내가 낸 매도 주문의 마지막 100베일은 나의 매도로 인해 야기된 조정장의 최저가격으로 팔렸다.

며칠 뒤 시장이 다시 손짓하는 것처럼 보였다. 이렇게 부르는데 외면할 수가 없었다. 게다가 면화시장에 큰 움직임이 있을 것이라는 당초의 믿음을 지울 수도 없었다. 그래서 나는 재차 2만 베일을 매수했다. 똑같은 일이 벌어졌다. 시장은 내 매수 주문에 따라 껑충 뛰어오르더니, 그리고 나서는 도로 쿵 하고 제자리로 떨어졌다.

나는 기다리다 지쳐 결국 다시 한 번 보유하고 있던 면화 선물을 팔았다. 이번에도 내 마지막 매도 주문은 최저가로 팔렸다.

이렇게 손해를 보며 거래하기를 6주 동안 무려 다섯 차례나 반복했고, 한 번 매매할 때마다 2만5000~3만 달러씩 돈을 날렸다. 나 자신한테 넌더리가 났다. 정말 털끝만큼의 재미도 보지 못한 채 근 20만 달러를 잃어버렸던 것이다. 끝내는 내 사무실 매니저에게 다음날 아침 내가 출근하기 전까지 면화 가격을 알려주는 티커를 없애버리라고 지시했다. 더 이상 면화시장을 기웃거리고 싶지도 않았다. 너무나도 심한 좌절감에 사로잡힌 셈이었다. 투기 분야에 몸 담고 있는 한 늘 명료하게 사고해야 하는데 이런 마음상태는 전혀 도움이 안 된다.

그러고 나서 무슨 일이 벌어졌을까? 면화 티커를 치워버리고 면화시장에 대한 관심도 완전히 꺼버린 지 불과 이틀 만에 시장은 상승하기 시작했다. 면화 가격은 그 후 쉬지 않고 올라 곧장 500포인트나 상승했다. 이렇게 엄청난 상승세를 이어가는 와중에 겨우 40포인트 정도의 조정이 딱 한 번 있었을 뿐이다.

그렇게 해서 지금까지 보지 못했던 가장 기막히고 훌륭한 거래 기회를 놓쳐버렸던 것이다. 여기에는 근본적으로 두 가지 이유가 있었다. 첫 번째 이유는 가격이라는 측면에서 내가 매매를 개시할 심리적 시점이 올 때까지 참고 기다리지 못했다는 것이다. 나는 면화 가격이 파운드 당 12.50센트에 도달하면 곧바로 급상승할 것이라는 점을 알고 있었다. 그러나 아쉽게도 나는 기다릴 만한 의지력을 갖고 있지 못했다. 나는 면화 가격이 매수 지점에 도달하기 전에 재빨리 약간의 여유자금을 벌어두어야 한다고 생각했다. 그래서 시장이 무르익기 전에 미리 행동했던 것이다. 그 결과 수중에 있던 20만 달러 정도를 잃어버렸을 뿐만 아니라 100만 달러의 수익마저 날려버렸다. 당초 내가 마음속으로 단단히 세워놓았던 계획은 면화 가격이 분기점을 지나자마자 10만 베일의 매수 포지션을 취한다는 것이었다. 그랬더라면 이번 상승세에서 눈을 감고도 200포인트(베일 당 2달러) 이상의 수익을 챙길 수 있었을 것이다.

두 번째 이유는 잘못된 판단을 내린 나 자신한테 너무 화가 나 면화시장 자체에 화풀이를 한 것인데, 이런 자세로 투기를 해서는 결코 훌륭한 성과를 얻을 수 없다. 손해를 본 것은 전적으로 내가 인내하지 못했기 때문이다. 확실한 판단과 계획을 품었다면 마땅히 이를 뒷받침해 줄 수 있는 적절한 시점을 기다려야 하는데 그러지 못했던 것이다.

틀렸을 때는 변명해서는 안 된다. 이건 누구나 다 배워야 하고, 나 또한 오래 전에 배운 가르침이다. 틀렸을 때는 자신이 잘못했음을 인정하고, 그것을 활용해 이익을 얻도록 노력해야 한다. 누구든 자기가 틀렸을 때는 그 사실을 안다. 시장은 투기자에게 그가 틀렸다는 것을 알려준다. 그는 틀림없이 손실을 보고 있을 것이기 때문이다. 자신이 틀렸다는 사실을 처음 깨달았을 때가 바로 손실을 보고 깨끗이 거래를 정리할 때다. 웃음을 잃지 말고, 화가 나는 것도 참아야 한다. 기록을 살펴보며 자신이 저지른 실수의 원인이 무엇인지 궁리해보고, 다음 번 큰 기회를 기다려야 한다. 관심을 갖고 오랜 시간 계속해서 지켜보면 반드시 기회가 온다.

시장이 알려주기 전에 먼저 자신이 틀렸다는 사실을 알아채는 감각은 세월이 흐르면 상당히 좋아진다. 잠재의식이 가져다 주는 일종의 귀띔정보인 셈이다. 과거의 시장 흐름이 어떠했는지 분명히 파악하고 있으면, 여기서 경고 신호를 보내주는 것이다. 때로는 이런 감각이 트레이딩 원칙보다 더 앞서기도 한다. 그러면 좀더 자세히 설명해보겠다.

1920년대 말 초강세장 시절의 이야기다. 당시 나는 여러 종목에 걸쳐 무척 많은 주식을 꽤 오랫동안 보유하고 있는 중이었다. 이렇게 주식을 갖고 있는 동안 자연적인 조정이 몇 차례 있기는 했지만 내 포지션에 대해 불안을 느낀 적은 단 한 번도 없었다.

그런데 어느날 시장이 마감된 뒤 갑자기 답답해지는 느낌이 왔다. 그날 밤 잠자리도 영 편치가 않았다. 뭔가가 내 의식을 불러일으켰는지 나는 잠에서 깨어나 주식시장에 대해 생각하기 시작했다. 다음날 아침 신문을 쳐다보기도 겁이 났다. 틀림없이 끔찍한 사태가 벌어졌을 것만 같았다. 그러나 그날 신문에는 전부 낙관적인 뉴스들뿐이었고, 꺼림칙했던 내 기분은 아무 근거도 없는 게 분명해 보였다. 그날 시장은 상승세로 출발했던 것 같다. 시장의 움직임은 거의 완벽했다. 시장은 대세상승 흐름의 최고 정점에 있었다. 이런 상황에서 잠을 설친다면 누구든 그냥 웃어넘겼을 것이다. 하지만 나는 이렇게 웃어넘겨서는 안 된다는 점을 배웠다.

다음날 이야기는 극적으로 반전됐다. 그렇다고 끔찍한 뉴스가 있었던 것은 아니다. 단지 너무 오랫동안 한 방향으로 달려왔던 시장이 갑작스럽게 전환점을 맞았을 뿐이다. 그날 나는 정말 당황했다. 막대한 물량의 보유 주식을 급히 처분해야 했기 때문이다. 하루 전에만 처분했더라도 이번 대세상승 흐름의 정점보다 불과 2포인트 낮은 수준에서 보유 주식을 전부 털어낼 수 있었을 것이다. 그런데 오늘 처분하자니 그 하루 차이가 엄청나게 벌어진 것이다.

많은 투기자들이 이와 비슷한 경험을 해봤을 것이다. 시장이 온통 희망에 부풀어 벌겋게 달아올랐을 때 마음속 어딘가에서 이유를 알 수 없는 위험 신호가 자꾸 반짝거렸던 적이 있었을 것이다. 이건 긴긴 세월 시장과 함께 하면서 시장을 연구한 데서 얻어진 아주 특별한 감각 가운데 하나일 뿐이다.

나는 솔직히 내면 어딘가에서 들려오는 귀띔정보를 늘 의심하는 편이고, 대개는 과학적인 원칙을 냉정하게 적용하기를 더 선호한다. 하지만 잔잔한 바다를 항해하고 있는 것 같은데 갑자기 아주 불편한 느낌이 들어 정신을 바짝 차리는 바람에 크게 덕을 본 경우가 여러 차례 있었다는 사실 역시 부인할 수 없다.

트레이딩을 하면서 보게 되는 이런 신비한 초감각이 흥미로운 이유는, 다가올 위험을 감지하는 능력은 오로지 시장의 움직임을 예의주시하며 과학적 패턴에 따라 주가의 흐름을 결정하려고 애쓰는 사람들에게서만 발견할 수 있다는 점 때문이다. 반면 그저 강세 혹은 약세 분위기에 따라 투기하는 일반 대중은 여기저기서 흘려

들었거나 신문 같은 데서 읽은 내용에만 의지해 거래할 뿐이다.

　이 점을 명심하기 바란다. 주식시장을 비롯한 모든 투기 시장에서 활동하는 수백만 명의 투기자들 가운데 아주 극소수만이 자신의 모든 시간을 바쳐 투기에 전념한다. 압도적으로 많은 대다수 투기자들은 단지 운에 맡긴 채 아무렇게나 하다가 값비싼 대가를 치른다. 심지어 공부께나 했다는 사업가나 프로 투기자들, 현역에서 물러나 시간이 많은 퇴직자들 중에도 투기를 부업으로 여기면서 약간의 관심만 기울이는 사람이 있다. 이들 대부분은 주식중개인이나 증권회사 영업 담당자한테서 뭔가 괜찮은 정보를 듣지 않으면 아무 주식도 거래하지 못할 위인들이다.

　한 대기업의 이사회 임원으로 있는 친구로부터 극비의 내부자 정보를 얻었다면서 트레이딩을 시작하는 사람을 가끔 본다. 가상의 사례를 통해 설명해보겠다.

　점심식사 자리에서 혹은 저녁 만찬에서 사업을 하는 친구를 만난다. 두 사람은 한동안 경기 전반에 대해 이야기를 나눈다. 그러다 당신이 그레이트 셰이크스 코퍼레이션(Great Shakes Corporation)에 관해 물어본다. 들어보니 괜찮은 편이다. 경기 하강 국면은 이제 끝났고, 앞으로의 사업 전망도 꽤 밝다. 그렇다면 현 시점에서 이 회사 주식은 무척 매력적이다.

　"그래, 아주 훌륭한 매수 대상이지." 친구는 그렇게 말해줄 것이고, 이건 틀림없이 솔직한 얘기일 것이다. "우리 회사 순이익은 정말 대단할 거야. 사실 지난 수 년간의 실적보다 더 좋을 거야. 그거

기억하겠지, 짐, 지난번 호황기 때 우리 회사 주식이 얼마까지 갔었는지 말이야."

당신은 그 말에 도취해 한시도 지체하지 않고 그 회사 주식을 매수한다.

분기별로 발표되는 사업보고서마다 지난 분기보다 더 나은 실적을 보여준다. 특별 배당까지 발표된다. 주가는 오르고 또 오른다. 평가이익이 부풀어갈수록 당신은 달콤한 꿈에 젖어버린다. 그러나 시간이 흐르면서 그 회사 사업도 급격히 악화되기 시작한다. 당신은 이런 사실을 전혀 모른다. 단지 이 회사 주가가 미끄러지듯 급락하고 있다는 사실만 알고 있을 뿐이다. 당신은 급히 친구에게 전화를 건다.

친구는 이렇게 대답할 것이다. "그래, 주가가 상당히 많이 떨어졌지. 하지만 잠시 그러다 말 거야. 이쪽 경기가 약간 가라앉았어. 이걸 알고는 약세 투기자들이 우리 회사 주식을 공격하고 있는 거야. 거의가 공매도라고 보면 돼."

친구는 어쩌면 진짜 이유를 감추기 위해 이런저런 얘깃거리들을 쏟아낼지 모른다. 당신 친구나 그의 동료들도 십중팔구 그 회사 주식을 많이 보유하고 있을 것이고, 자기네 회사 경기가 심각한 위기에 빠졌다는 확실한 신호가 처음 나타났을 때부터 시장이 소화할 수 있는 양만큼 최대한 서둘러 주식을 처분하고 있을 것이기 때문이다. 당신에게 진실을 말해준다는 것은 한마디로 경쟁자를 불러들이는 꼴밖에 안 되고, 자신의 매도 전선(戰線)에 친한 친구를 적으로 끌어들이는 결과가 될 수 있기 때문이다. 전형적인 "나부터 살고 보자"는 형국이 되는 것이다.

사실 그 회사의 내부자인 친구가 당신에게 그렇게 쉽게 매수 시점을 얘기해준 이유는 따로 설명할 필요가 없을 것이다. 그러나 그 친구는 당신에게 매도 시점은 얘기해줄 수도 없고 얘기해주지도 않을 것이다. 그건 자신의 회사 동료들을 배신하는 것이나 다름없기 때문이다.

항상 작은 메모장을 갖고 다니라고 강력히 권하고 싶다. 메모장에다 관심이 가는 시장 정보를 적어두라. 앞으로 도움이 될 수 있는 생각들을 적을 수도 있고, 시간을 두고 반복해서 읽어봐야 할 아이디어도 괜찮다. 개인적으로 주가의 흐름을 관찰한 소감을 기록하는 것도 좋다. 이 작은 메모장의 첫 페이지에는 이렇게 써두었으면 한다. 아니, 잘 보이게 잉크로 인쇄하는 게 더 낫다:

"내부자 정보를 경계하라……
그것이 어떤 내부자 정보든."

투기를 하든 투자를 하든 성공은 그것을 위해 노력하는 사람에게만 찾아온다. 이 사실은 아무리 강조해도 지나치지 않을 것이다. 거액의 공돈을 당신에게 건네줄 사람은 이 세상에 아무도 없다. 이건 마치 돈 한푼 없는 방랑자 얘기나 마찬가지다. 배가 고파진 방랑자는 앞뒤 안 가리고 한 레스토랑에 들어가 "큼직하고 향기 끝내주고 육즙이 주르르 흘러내리는 두꺼운 스테이크"를 주문하고는 흑인 웨이터에게 이렇게 덧붙였다. "자네 사장한테 얘기해서 당장 가져오라고 하게." 잠시 뒤 흑인 웨이터가 느릿느릿 걸어오더니 사정하듯 얘기했다. "사장님께서 하시는 말씀이, 그런 스테이크가 여기 있다면 자기가 먹어버릴 거라는데요."

 게다가 설사 공돈이 여기저기 널려 있다 해도, 그걸 당신 주머니에 억지로 넣어줄 사람은 아무도 없을 것이다.

The Three Million Dollar Profit

300만 달러를 벌다

앞장에서는 지긋이 인내하지 못하는 바람에 아주 근사한 이익을 볼 수 있는 기회를 놓치게 된 경위를 설명했다. 이번 장에서는 때를 기다리며 심리적 순간이 오도록 참아낸 결과가 어떠했는지 사례를 갖고 이야기하겠다.

1924년 여름 밀 가격은 내가 분기점이라고 부르는 가격까지 상승했고, 그래서 나는 시장에 뛰어들어 1차로 500만 부셸의 매수 주문을 냈다. 당시 밀시장은 거래량이 엄청났기 때문에 내가 낸 정도의 매수 주문으로는 가격에 아무런 영향도 미치지 못했다. 주식시장과 비교하자면 밀 선물 500만 부셸을 매수하는 것은 개별 종목 주식 5만 주를 매수하는 것과 비슷한 규모라고 할 수 있다.

내가 낸 매수 주문이 다 처리되고 나자 곧바로 시장은 가라앉아 며칠 동안 소강상태가 계속됐지만, 밀 가격이 분기점 아래로 떨어진 적은 한 번도 없었다. 그러고 나서 시장은 다시 상승하기 시작해 이전 고점보다 몇 센트 더 높은 지점까지 갔고, 여기서 자연적인 조정이 나타난 다음 며칠 동안 옆걸음질 치더니 재차 오름세를 이어갔다.

밀 가격이 두 번째로 분기점을 돌파하자마자 나는 2차로 500만 부셸의 매수 주문을 냈다. 내 매수 주문은 분기점보다 1.50센트 높은 가격 수준 이내에서 전부 체결됐는데, 이건 시장이 더 강한 모습을 띠어가고 있다는 의미였다. 왜 그럴까? 2차로 주문을 낸 500만 부셸을 매수하기가 앞서 1차 때보다 훨씬 어려웠기 때문이다.

다음날 시장은 내가 1차 매수 주문을 낸 뒤 조정을 나타냈던 것과는 달리 오히려 3센트나 상승했는데, 이건 시장에 대한 내 분석이 정확했음을 확실히 해주는 것이었다. 그때부터 진짜 강세장이라고 할만한 장세가 펼쳐졌다. 다시 말해 내가 판단하기에 적어도 몇 달 이상은 지속될 본격적인 상승 흐름이 시작됐다는 것이다. 그렇다고는 해도 이것이 내게 가져다 줄 잠재 가능성이 얼마나 클지는 충분히 알지 못하고 있었다. 그래서 부셸 당 25센트의 수익이 나자 일단 이익을 실현했다. 그리고는 시장이 상승세를 이어가 며칠만에 20센트나 오르는 것을 팔짱을 낀 채 지켜봐야 했다.

그때서야 비로소 내가 정말 어처구니없는 실수를 저질렀음을 깨달았다. 대체 무슨 이유로 그 이전까지 한 번도 손에 쥐어본 적이 없는 얼마의 수익을 잃을까봐 두려워했던 것일까? 나는 평가이익을 실현해 현금화하는 데만 온통 정신이 팔려 있었다. 인내심을 갖고 버텼어야 할 시점에, 용기를 내서 그 거래를 끝까지 가져가야 했을 시점에 물러서버린 것이었다. 시간이 흘러 상승 추세가 방향을 틀게 될 분기점에 도달하면, 충분히 위험 신호를 감지할 수 있다는 점을 알고 있었는데도 말이다.

그래서 나는 시장에 다시 진입하기로 결심했다. 내가 재차 매수한 밀 선물의 평균 매수 단가는 앞서 보유했던 물량을 매도했던 가격보다 25센트나 더 높았다. 처음에는 용기가 나지 않아 앞서 매도했던 물량의 50%밖에는 매수할 수 없었다. 하지만 이번에는 위험 신호가 나를 멈춰 세울 때까지 계속 가져갔다.

1925년 1월 28일 5월물 밀 선물 가격은 부셸 당 무려 2.05875달러를 기록해 사상 최고가를 경신했고, 그 뒤 조정을 받아 2월 11일에는 1.775달러로 떨어졌다.

이처럼 밀 가격이 놀라운 상승세를 보여주고 있는 동안 오히려 밀보다 더 극적인 상승세를 보여준 상품이 있었는데, 다름아닌 호밀이었다. 그러나 호밀시장은 밀시장에 비해 규모가 너무 작아 비교적 적은 양의 매수 주문만 들어가도 호밀 가격의 급등세를 야기할 수 있었다.

앞서 얘기한 것처럼 밀시장에서 매매하는 동안 개인적으로 보자면 과도하다고 할 수 있는 포지션을 가져가곤 했는데, 나만큼 크게 거래하는 사람들도 여럿 있었다. 이들 가운데 한 명은 수백만 부셸의 밀 선물을 보유하고 있었을 뿐만 아니라 수백만 부셸의 밀 현물도 갖고 있었고, 게다가 자신의 밀 매수 포지션에 유리하게 작용할 수 있도록 막대한 양의 호밀 현물도 매수해둔 것으로 널리 알려져 있었다. 그는 또한 밀시장이 흔들리면 호밀 매수 주문을 내는 수법으로 호밀시장을 적절히 활용하는 것으로도 유명했다.

이미 말했듯이 호밀시장은 밀시장에 비해 규모도 작고 참여자도 적어서 웬만한 규모의 매수 주문을 내기만 하면 즉각 급등세를 만들어낼 수 있었고, 호밀 가격의 급등은 불가피하게 밀 가격에도 반영됐다. 이런 수법이 쓰일 때마다 대중들은 밀을 매수하겠다고 달려들었고, 그 결과 밀 가격은 뛰어올라 신고가를 경신했다.

대세상승 흐름이 대단원의 막을 내릴 때까지 이런 수법은 아무 문제없이 잘 먹혀들었다. 밀 가격이 조정받는 동안 호밀 가격 역시 똑같이 조정을 받았다. 호밀 가격은 1925년 1월 28일 1.8225달러까지 올랐다가 그 뒤 1.54달러로 28.25센트가 떨어져, 밀 가격의 하락폭 28.375센트와 거의 비슷한 조정을 받았다. 그러나 3월 2일에는 5월물 밀 선물이 2.02달러까지 상승해 이전 고점보다 불과 3.875센트 낮은 수준까지 근접했지만, 호밀 선물은 이전 고점에 비해 12.125센트나 낮은 1.70125달러까지 반등하는 데 그쳤다. 결국 호밀 가격은 밀 가격만큼 강력한 회복세를 보여주지 못한 것이었다.

당시 나는 계속해서 시장을 예의주시하고 있었는데, 당연히 뭔가 잘못됐다는 사실에 깜짝 놀라지 않을 수 없었다. 왜냐하면 이번 초강세장 기간 내내 호밀 가격은 밀 가격보다 앞서나갈 수밖에 없었기 때문이다. 그런데 지금 호밀 가격은 곡물거래소에서 상승세를 주도하기는커녕 뒤처져 있는 것이었다. 밀 가격은 이미 먼저 있었던 비정상적인 조정에서의 하락폭을 거의 만회한 반면 호밀 가격은 이전 고점에 비해 부셸 당 12센트 정도나 떨어져 있었다. 이런 움직임은 완전히 새로운 것이었다.

그래서 나는 분석해보기 시작했다. 최근의 조정이 끝나고 반등 국면에서 호밀 가격이 밀 가격만큼 회복하지 못한 이유가 무엇인지 찾아내는 데 분석의 초점을 맞췄다. 이유는 금방 명백하게 밝혀졌다. 사실 대중들은 밀시장에는 큰 관심을 기울였지만 호밀시장에는 아무 관심도 없었다. 만일 호밀시장이 누군가가 혼자서 좌지우지하는 1인 시장이라면, 왜 갑자기 그 사람이 호밀시장을 외면해버린 것일까? 나는 이렇게 결론지었다. 그 사람도 이제 호밀시장에 대한 관심이 사라져 시장을 빠져나갔거나, 아니면 밀시장과 호밀시장에서 너무 많은 물량을 사들이는 바람에 더 이상 추가로 매수할 여력이 없어졌거나, 어쨌든 둘 중 하나라고 말이다.

나는 그 자리에서 즉시 그 사람이 호밀시장에 있든 없든 그건 아무 차이도 없다고 판단했다. 궁극적으로 시장에 나타나는 결과는 동일할 것이므로, 나는 내 생각을 테스트해보기로 했다.

그때 호밀가격은 매수 호가가 1.6975달러인 상태였는데, 나는 호밀시장이 실제로 어떤 상황에 놓여 있는지 파악하기 위해, 20만 부셸의 매도 주문을 "시장가"로 냈다. 내가 매도 주문을 냈을 때 밀 가격은 2.02달러였다. 내 매도 주문이 체결되면서 호밀 가격은 부셸 당 3센트나 떨어졌다가 주문이 전부 소화된 뒤 2분이 지나자 다시 1.6875달러로 올라왔다.

이런 식으로 매도 주문이 체결되는 것을 보니 시장에 매수 주문이 그리 많지 않다는 사실을 알 수 있었다. 하지만 상황이 어떻게 반전될지 아직 확신이 서질 않았기 때문에 다시 한번 20만 부셸의 매도 주문을 냈다. 결과는 똑같았다. 내가 낸 매도 주문이 다 체결되기까지 호밀가격은 3센트 떨어졌다. 그런데 앞서는 매도 주문을 전부 소화한 뒤 2센트 반등했던 데 반해 이번에는 1센트밖에 오르지 않았다.

그래도 여전히 시장의 현 상황에 대한 내 분석이 정확한지 100% 확신할 수는 없었다. 그래서 세 번째로 20만 부셸의 매도 주문을 냈다. 마찬가지로 시장은 내 매도 주문으로 다시 주저앉았다. 그러나 이번에는 반등이 전혀 없었다. 시장은 그 자체의 모멘텀으로 계속해서 떨어졌던 것이다.

이것이야말로 내가 예의주시하며 기다려온 정보였다. 누군가 밀 시장에서 대규모 매수 포지션을 취하고 있는데, 무슨 이유로든 호밀시장을 방어하지 못한다면(그 사람이 왜 그러는지는 전혀 중요하지 않다) 밀시장 역시 지원하지 않을 것이며, 어쩌면 아예 지원할 수 없을 것이라는 확신이 들었다. 그래서 나는 즉시 5월물 밀 선물 500만 부셸을 "시장가"로 매도하는 주문을 냈다. 내 주문은 2.01~1.99달러 사이에 체결됐다. 그날 시장에서 밀 가격은 1.97달러, 호밀 가격은 1.65달러 수준에 마감됐다. 내가 낸 밀 매도 주문의 마지막 체결가가 2.00달러 아래라는 점이 특히 마음에 들었다. 2.00달러는 분기점이었고, 시장이 분기점을 깨고 내려갔다는 것은 내가 옳은 포지션을 취했다는 것이기 때문이다. 당연히 나는 이번 거래에 대해 전혀 걱정하지 않았다.

며칠 뒤 나는 밀시장이 어떤 상황에 놓여 있는지 확인해보기 위해 단지 테스트용으로 매도했던 호밀을 도로 매수했는데, 여기서도 25만 달러의 수익을 올렸다.

그 와중에 한편으로는 밀 선물을 계속 매도해 마침내 공매도 물량이 1500만 부셸까지 늘어났다. 3월 16일에는 5월물 밀 선물 가격이 1.645달러로 마감됐고, 다음날 아침 리버풀 시장에서는 미국 시장보다 3센트나 더 떨어졌다. 따라서 리버풀 시장과 보조를 맞추려면 미국 시장의 개장가는 1.61달러 수준이 돼야 했다.

그때 나는 경험을 통해 절대 하지 말라고 배운 행동을 했는데, 시장이 열리기 전 지정가로 매수 주문을 내고 말았던 것이다. 훌륭했던 내 판단이 당장 눈앞의 이익을 실현하고 싶은 유혹에 밀려나버린 셈이었다. 나는 전날 종가보다 3.50센트 낮은 부셸 당 1.61달러에 500만 부셸을 매수하는 주문을 냈다. 개장 시점의 체결 가격 범위는 1.61달러에서 1.54달러까지였다. 이걸 보고 나는 혼잣말로 이렇게 중얼거렸다. "절대 어겨서는 안 된다는 것을 잘 알고 있는 원칙을 어겼으니, 당연한 결과지." 하지만 이것은 인간의 본능이 자신의 판단력을 굴복시킨 한 예에 불과했다. 나는 당연히 1.61달러의 지정가로 매수 주문을 냈으니 그 가격으로 체결됐을 것이라고 여겼다. 그건 그날 체결된 개장가 범위에서 가장 높은 수준이었다.

따라서 체결 가격이 1.54달러까지 떨어진 것을 보자 다시 500만 부셸의 매수 주문을 이번에는 시장가로 냈다. 그러자 곧바로 거래내역서를 받았는데, "5월물 밀 선물 500만 부셸 1.53달러에 매수"라고 적혀 있었다.

나는 한 번 더 500만 부셸을 매수하는 주문을 시장가로 냈다. 1분도 안 돼 거래내역서가 도착했다. "500만 부셸 1.53달러에 매수." 나는 당연히 내가 세 번째로 낸 매수 주문이 이 가격에 체결된 것으로 생각했다. 그래서 내가 맨 처음 냈던 매수 주문의 거래내역서를 달라고 했다. 그랬더니 이런 내용의 거래내역서를 받아본 것이다:

첫 번째 500만 부셸 매수 주문은 첫 번째 드린 거래내역서대로 체결되었습니다.
두 번째 500만 부셸 매수 주문은 두 번째 드린 거래내역서대로 체결되었습니다.
세 번째 500만 부셸 매수 주문은 다음과 같이 체결되었습니다:
350만 부셸 1.53달러에 매수.
100만 부셸 1.53125달러에 매수.
50만 부셸 1.53250달러에 매수.

그날 최저 가격은 1.51달러였다. 밀 가격은 다음날 반등해 1.64달러로 올랐다. 지정가로 주문했는데 그런 식으로 체결된 거래내역서를 받아보기는 투기를 시작한 이래 이것이 처음이었다. 나는 분명히 500만 부셸을 1.61달러에 매수한다는 주문을 냈고, 그날 시장의 개장가는 내 매수호가인 1.61달러부터 1.54달러까지 7센트나 격차가 벌어졌는데, 내가 낸 매수 주문 500만 부셸을 감안하면 그

차이는 35만 달러에 달했다.

　이로부터 얼마 뒤 시카고에 갈 일이 생겼다. 그래서 내 주문을 처리한 담당자에게 물어봤다. 어떻게 해서 내가 처음에 낸 지정가 주문이 그토록 기가 막히게 체결될 수 있었느냐고 말이다. 그는 이렇게 설명했다. 그날 자기는 시장에 3500만 부셸의 매도 주문이 "시장가"로 나와 있다는 사실을 우연히 알게 됐다는 것이다. 사정이 이렇다면 시장이 아무리 낮은 가격으로 시작된다 해도 개장 직후부터 밀 선물을 얼마든지 싸게 팔겠다는 주문이 쏟아져 나올 것이라고 그는 판단했다. 따라서 일단 개장 시점의 체결 가격 범위를 지켜본 뒤 내 주문을 "시장가"로 냈다는 것이다.

　그날 내 매수 주문이 나오지 않았더라면 시장은 개장가 범위보다 훨씬 더 떨어져 끔찍한 급락을 맞았을 것이라고 그는 덧붙였다.

　덕분에 내가 이번 거래에서 거둔 최종 수익은 300만 달러가 넘었다.

　이 사례는 투기 시장에서 공매도 물량을 갖고 있는 투기자들이 얼마나 중요한지 여실히 보여주는 것이기도 하다. 왜냐하면 공매도 물량을 보유한 투기자들은 잠재적인 매수자가 될 것이고, 이들 잠재적인 매수자는 시장이 패닉에 빠졌을 때 진짜 필요한 안전판 역할을 해주기 때문이다.

　현재는 상품선물거래소 규정상 특정 개인이 곡물 시장에서 취할 수 있는 포지션을 최대 200만 부셸로 제한해놓았기 때문에 이런 식으로는 공매도할 수 없게 됐다. 또 주식시장에서는 특정인의 거래

규모를 제한하지 않지만, 공매도와 관련된 현재 규정 아래서는 이 같은 대규모 공매도 포지션을 취한다는 게 기본적으로 불가능하다.

그런 점에서 옛날 투기자들의 시대는 갔다고 생각한다. 이제 옛날 투기자들의 자리는 투기자와 투자자의 성격을 함께 갖춘 투기적 투자자(semi-investor)가 차지하게 될 것이다. 이들 투기적 투자자는 옛날 투기자들처럼 시장에서 단기간에 그렇게 엄청난 금액을 벌지는 못하겠지만, 일정 기간을 두고 보면 오히려 더 많은 돈을 벌 수 있을 것이고 또 이렇게 번 돈을 잘 지켜나갈 수 있을 것이다. 미래의 성공하는 투기적 투자자는 심리적 시간에만 투기에 나설 것이며, 시장의 크고 작은 흐름에서 오로지 투기만 생각했던 옛날 투기자들보다 궁극적으로 훨씬 더 높은 수익률을 거둘 것이다.

8 리버모어의 시장을 여는 열쇠
The Livermore Market Key

오랜 세월 투기에 전념해온 뒤에야 비로소 주식시장에 새로운 일이란 없다는 사실을 깨달을 수 있었다. 주가 움직임이란 단지 반복될 뿐이며, 개별 종목의 경우 다소 상이한 모습이 나타날 수 있지만 주식시장 전체의 주가 패턴은 시간이 흘러도 늘 똑같다.

앞서도 설명했듯이 어느날 갑자기 강렬한 충동을 느끼게 됐는데, 주가를 기록해두면 주가 움직임을 미리 내다볼 수 있을지도 모르겠다는 생각이었다. 나는 꽤나 흥미를 느끼면서 주가를 기록해나갔다. 그리고는 이것을 활용해 미래의 주가 움직임을 예측하려면 어디서부터 손을 댈 것인지 그 출발점을 찾기 위해 궁리하기 시작했다. 이건 결코 쉬운 작업이 아니었다.

내가 시도했던 처음의 노력을 지금 되돌아보면 그렇게 애썼으면서도 왜 금방 성과를 얻지 못했는지 이해가 된다. 그때는 마음속에 오로지 투기 한 가지 생각만 있어서, 시도 때도 없이 매매하며 짧은 기간 동안의 작은 주가 움직임들을 포착하는 트레이딩 기법을 개발하려고 했기 때문이다. 이건 잘못된 발상이었고, 시간이 흐른 뒤에야 이 사실을 분명히 깨달을 수 있었다.

나는 계속해서 주가를 기록해나갔다. 틀림없이 언젠가는 찾아내고야 말 아주 값진 무엇인가가 여기에 숨어있을 것이라는 확신이 있었다. 마침내 그 비밀이 정체를 드러냈다. 내가 기록한 주가는, 짧은 기간 동안의 주가 움직임들을 포착해 트레이딩하는 데는 아무런 도움도 되지 않는다고 아주 똑똑히 말해주었다. 하지만 그저 가만히 잘 들여다 보기만 하면, 시장의 큰 흐름을 미리 알려주는 주가 패턴이 어떻게 만들어지는지 볼 수 있었다.

바로 그때부터 나는 작은 주가 움직임들은 마음속에서 전부 지워버리겠다고 결심했다.

그렇게 수많은 주가 기록을 꾸준히 주의 깊게 연구한 결과 정말로 중요한 주가 흐름을 바라볼 수 있는 정확한 시각을 갖기 위해서는 시간 요소가 결정적이라는 사실을 절실히 깨닫게 됐다. 나는 다시 한번 각오를 다지고서 새로 발견한 사실을 집중적으로 파고들었다. 내가 그 이전까지 찾아내려고 했던 것은 주가의 조정이나 반등 같은 작은 출렁임을 구별해낼 수 있는 방법이었다. 주식시장이 장기적으로 확실한 추세를 따라 움직이더라도 중단기적으로는 얼마든지 등락을 거듭할 수 있다는 점을 비로소 깨달은 것이다. 중단기적인 주가 등락으로 인해 많은 투자자들이 혼란스러워한다. 그러나 나는 이제 이 문제에서는 완전히 벗어날 수 있었다.

나는 자연적인 조정 혹은 자연적인 반등이 시작됐다는 것을 어떻게 확인할 수 있는지 알아내고자 했다. 그래서 주가 움직임의 폭을 체크해보기로 했다. 처음에는 1포인트를 기준으로 계산해봤다. 이건 전혀 도움이 되지 않았다. 그래서 2포인트로 해봤다가, 또 3포인트 식으로 계속 늘려나갔다. 그러다 마침내 자연적인 조정 혹은 자연적인 반등이 시작됐음을 확인해주는 지점에 이르게 된 것이다.

이 그림을 단순화하기 위해 여러 개의 칸을 만들어 배열한 좀 특별한 문서 양식을 인쇄했는데, 나는 이것을 향후 주가 흐름 예상도(Map for Anticipating Future Movements)라고 이름 붙였다. 개별 주식 하나에 6개의 칸을 할당한 다음 각각의 칸에 주가를 기록했다. 그리고 칸마다 맨 위에 제목을 적어두었다.

첫째 칸의 제목은 2차적인 반등
둘째 칸의 제목은 자연적인 반등
셋째 칸의 제목은 상승 추세
넷째 칸의 제목은 하락 추세
다섯째 칸의 제목은 자연적인 조정
여섯째 칸의 제목은 2차적인 조정

상승 추세 칸에 주가를 기록할 때는 검정색 잉크로 기입한다. 상승 추세 칸의 왼쪽에 있는 두 칸에는 연필로 주가를 적어 넣는다. 하락 추세 칸에 주가를 기록할 때는 빨간색 잉크로 기입하고, 하락 추세 칸의 오른쪽에 있는 두 칸에는 연필로 주가를 적어 넣는다.

따라서 상승 추세 칸이나 하락 추세 칸에 주가를 기록할 때는 그 시점의 추세가 실제로 어떤지 분명하게 느낄 수 있다. 뚜렷하게 구분되는 색상으로 기록한 주가가 말해주는 것이다. 처음부터 끝까지 이런 식으로 적어 넣은 검정색과 빨간색 잉크는 절대 틀릴 수 없는 이야기를 들려줄 것이다.

연필로 주가를 적어 넣을 때는 자연적인 주가의 등락을 눈여겨 살펴본다.(나중에 내 주가 기록을 다시 만들면서는 원래 문서에다 연필로 적었던 것을 파란색 잉크로 다시 기입했다.)

예를 들어 어떤 주식이 현재 30달러 혹은 그보다 약간 높은 수준에 거래되고 있을 경우, 나는 이 주식이 자연적인 반등 혹은 자연적인 조정이 진행되고 있다는 확신을 가지려면 앞선 저점이나 고점으로부터 약 6포인트 반등하거나 조정 받아야 한다고 판단했다. 이 정도 반등이나 조정이 나타난다고 해서 시장의 추세가 그 방향을 튼 것은 아니다. 이건 단지 시장이 자연스러운 과정을 거치고 있다는 의미다. 추세는 반등이나 조정이 나타나기 전과 정확히 일치한다.

이 점을 설명해주고 싶다. 나는 어떤 개별 종목의 주가 움직임을 갖고 그 주식이 속한 업종의 추세가 바뀌었다는 판단을 내리지 않는다. 그 대신 어느 업종에 속한 두 가지 종목의 주가 움직임을 함께 고려해 추세가 확실히 바뀌었다는 준거, 즉 기준 주가(Key Price)를 구한다. 두 가지 종목의 주가와 그 움직임을 결합함으로써 내가 기준 주가라고 부르는 가격을 도출하는 것이다. 때로는 개별 종목의 주가 변동폭이 너무 커서 상승 추세 칸이나 하락 추세 칸에 기입해야 할 경우도 있다. 그러나 단 한 종목의 주가 움직임에 기댔다가는 잘못된 판단을 내릴 위험이 있다는 점을 염두에 둬야 한다. 그런 점에서 두 종목의 주가 움직임을 함께 고려하면 좀더 신뢰할 수 있는 것이다. 또한 추세가 바뀌었다는 판단을 내리기 위해서는 반드시 기준 주가의 움직임이 뒷받침해줘야 한다.

그러면 이 기준 주가 방식을 예를 들어 설명하겠다. 반드시 주가가 이전 저점이나 이전 고점에 비해 6포인트 이상 등락해야 자연적인 반등이나 자연적인 조정 칸에 기록하는 것을 기본 원칙으로 삼고 있으면서도, 나중에 보여줄 내 기록을 보면 때로 U.S. 스틸 주가가 그보다 적게 움직였는데도 자연적인 반등이나 자연적인 조정 칸에 주가를 적어 넣은 것을 볼 수 있을 것이다. 가령 U.S. 스틸 주가가 5.125포인트밖에 움직이지 않았는데도 자연적인 반등이나 자연적인 조정 칸에 주가를 기록한 이유는 그와 동시에 베들레헴 스틸 주가가 예컨대 7포인트 움직였기 때문이다. 두 종목의 주가 움직임을 합치면 기준 주가가 구해진다. 이 기준 주가가 12달러 혹은 그 이상이라야 주가 움직임의 폭이 적당하다고 말할 수 있다.

주가를 기록해야 할 지점에 도달했을 때, 즉 두 종목 주가가 평균 6포인트 이상 움직였을 경우, 이전 상승 추세 칸의 고점보다 높거나 이전 하락 추세 칸의 저점보다 낮으면 그날의 가장 높았던 주가 혹은 가장 낮았던 주가를 계속해서 상승 추세 칸이나 하락 추세 칸에다 적어 넣는다. 주가 흐름이 바뀌어 상승 추세와 하락 추세가 역전될 때까지 이런 식으로 기록해나간다. 물론 주가 흐름이 다른 방향으로 바뀌었다는 판단 역시 동일하게 종목별로 평균 6포인트, 기준 주가로 12포인트를 기본으로 해야 한다.

여기서부터는 기준 주가 원칙을 벗어나는 일이 절대 없다는 점에 주목하기 바란다. 어떤 예외도 없다. 만일 그 결과가 내 예상과 100% 정확하게 일치하지 않았다 하더라도 나는 일체 변명하지 않는다. 내 양식에 기록해둔 주가는 내가 임의로 만들어낸 주가가 아니라는 점을 명심하라. 기준 주가는 매일같이 이뤄지는 트레이딩의 결과 실제로 체결된 가격에 따라 결정되는 것이다.

내가 정리한 주가 기록을 통해 100% 정확한 포인트를 찾아냈다고 한다면 그건 주제넘은 얘기가 될 것이다. 그렇다고 주장해봐야 그건 다른 사람을 속이고 잘못된 길로 인도하는 일밖에 안 된다. 나는 단지 이렇게 말할 수 있다. 오랜 세월 관찰하고 검증해본 결과 주가 기록을 하나의 기반으로 사용할 수 있는 핵심 포인트에 어느 정도 근접했다는 느낌이 들었다고 말이다. 바로 이런 주가 기록을 통해 비로소 결정적인 주가 흐름을 판단하는 데 유용한 안내판을 그려볼 수 있는 것이다.

누군가는 말하기를 성공이란 결정하는 순간에 달려있다고 했다. 이런 방법으로 성공하려면 행동에 나설 수 있는 용기가 절대적으로 필요하다. 따라서 자신의 주가 기록이 그렇게 하라고 말할 때 즉각 행동해야 한다. 망설일 여지는 전혀 없다. 이런 식으로 행동할 수 있도록 마음가짐부터 단단히 단련해둬야 한다. 누가 설명해주기를 기다린다거나 이유가 밝혀지고 한번 더 확인될 때까지 머뭇거리다 보면 행동에 나서야 할 시점을 놓치고 말 것이다.

예를 들어 설명해보자. 유럽에서 선전 포고(1939년 9월 1일 독일이 폴란드를 침공하자 9월 3일 영국과 프랑스가 독일을 상대로 선전 포고를 했다-옮긴이)가 나오자 주식시장의 모든 종목이 급격한 상승세를 보인 뒤 시장 전반은 자연적인 조정 국면으로 들어섰다. 그러고 나서는 네 가지 주도 업종의 모든 종목이 조정 국면으로부터 회복해 전부들 신고가를 경신했다. 그런데 철강 업종 주식들만 예외였다. 내가 설명한 방법에 따라 주가를 기록했다면 누구든 철강주의 움직임에 정말 어쩔 수 없이라도 주의를 기울였을 것이다. 철강주가 왜 다른 업종 주식들처럼 계속해서 상승세를 이어가지 못했는지, 당연히 그럴만한 이유가 있을 터였다. 맞다, 충분한 이유가 있었다! 그런데 당시 나는 그것을 알지 못했고, 누가 적절한 설명을 해줄 수 있으리라고 생각하지도 않았다. 그러나 주가를 기록해온 사람이라면 철강주의 움직임을 보고 이제 철강 업종의 상승 추세가 끝났다는 사실을 알 수 있었을 것이다. 이와 관련된 사실이 공식적으로 알려지고, 또 철강주가 왜 그렇게 움직였는지 밝혀진 것은 이로부터 4개월이나 지난 1940년 1월 중순이 되어서였다. 발표 내용에 따르면 그 기간 동안 영국 정부는 U.S. 스틸 주식 10만 주 이상을 처분했으며, 캐나다 정부도 U.S. 스틸 주식 2만 주를 팔았다는 것이다. 발표가 나왔을 때는 이미 U.S. 스틸 주가가 1939년 9월에 기록했던 고점보다 26포인트나 하락한 상태였고, 베들레헴 스틸 주가는 29포인트나 떨어진 뒤였다. 반면 다른 세 가지 주도 업종 주식들은 철강주가 고점을 쳤던 1939년 9월의 최고가에 비해 기껏해야 2.50~12.75포인트 낮은 수준이었다. 이 사례에서도 여실히 입증되듯이 자기가 어떤 주식을 매수하거나 매도해야 할 "충분한 이유"를 밝혀내려고 애써봐야 아무 소용도 없다. 만일 그런 이유를 손에 넣을 때까지 기다린다면, 적시에 나섰을 경우 충분히 잡을 수 있었을 기회마저 놓쳐버리고 말 것이다! 투자자든 투기자든 꼭 파악해둬야 할 단 한 가지 "이유"는 시장 그 자체의 움직임뿐이다. 시장의 움직임이 자신의 예상과 틀린다거나 마땅히 가야 할 방향으로 가지 않는다면, 그게 바로 자기가 내린 판단을 바꾸고, 즉시 그에 따라 행동해야 할 이유인 것이다. 이 점을 명심하라: 어느 주식이든 그렇게 움직이는 데는 항상 그럴만한 이유가 있다. 그러나 이 점 역시 기억해두라: 기회는 그 이유가 확실히 알려지기 전에 붙잡아야지, 이유가 밝혀질 장래 시점까지 기다린다면 때는 이미 늦어 이익을 얻지 못할 것이라는 점이다.

다시 한번 강조한다. 지금까지 설명한 공식은 큰 주가 흐름이 진행되는 동안 나타나는 중단기적인 주가 등락을 이용할 수 있는 확실한 추가 매매 지점은 알려주지 않는다. 이 공식은 큰 주가 흐름을 짚어냄으로써, 중요한 주가 움직임이 언제 시작되고 언제 끝나는지 알아내기 위한 것이다. 목적이 이러하므로 충실히 믿음을 갖고 따라준다면 이 공식이 정말로 값진 것임을 새삼 확인하게 될 것이다. 재차 반복하지만 이 공식은 기본적으로 주가가 30달러 수준이 넘고 거래 역시 활발히 이뤄지는 종목을 대상으로 한 것이다. 물론 이와 동일한 기본 원칙을 모든 종목의 주가 움직임을 예상하는 데 적용할 수 있지만, 주가가 아주 낮은 초저가 종목들에 대해서는 어떤 식으로든 공식을 수정해야만 한다.

이 공식은 전혀 복잡하지 않다. 관심 있는 사람이라면 누구나 각각의 단계를 금방 소화하고 쉽게 이해할 수 있을 것이다.

다음 장에서는 내가 기록한 문서 양식을, 거기에 직접 적어 넣은 주가와 충분한 설명을 덧붙여 그대로 보여줄 것이다.

9

Explanatory Rules

주가 기록 원칙에 대한 설명

1. 상승 추세 칸에는 검정색 잉크로 주가를 적어 넣는다.

2. 하락 추세 칸에는 빨간색 잉크로 주가를 적어 넣는다.

3. 나머지 네 칸에는 연필로 주가를 적어 넣는다.

4. (a) 자연적인 조정 칸에 주가를 적기 시작한 첫날에는 상승 추세 칸에 마지막으로 기록한 주가 아래 빨간색 밑줄을 긋는다. 상승 추세 칸에 마지막으로 기록한 주가보다 처음으로 6포인트 정도 조정을 받았을 때부터 자연적인 조정 칸에 주가를 적기 시작한다.

(b) 자연적인 반등 칸 혹은 상승 추세 칸에 주가를 기록하기 시작한 첫날에는 자연적인 조정 칸에 마지막으로 기록한 주가 아래 빨간색 밑줄을 긋는다. 자연적인 조정 칸에 마지막으

로 기록한 주가보다 처음으로 6포인트 정도 반등했을 때부터 자연적인 반등 칸 혹은 상승 추세 칸에 주가를 적기 시작한다.

이제 주목해서 지켜봐야 할 두 개의 분기점이 생겼다. 시장이 이들 분기점에 다시 접근했을 때 주가가 어떻게 기록되고 있는가를 잘 관찰해보면 지금까지의 추세가 재차 확고하게 이어질 것인지, 혹은 지금까지의 주가 움직임이 여기서 끝날 것인지 여부를 판단할 수 있을 것이다.

(c) 자연적인 반등 칸에 주가를 적기 시작한 첫날에는 하락 추세 칸에 마지막으로 기록한 주가 아래 검정색 밑줄을 긋는다. 하락 추세 칸에 마지막으로 기록한 주가보다 처음으로 6포인트 정도 반등했을 때부터 자연적인 반등 칸에 주가를 적기 시작한다.

(d) 자연적인 조정 칸 혹은 하락 추세 칸에 주가를 기록하기 시작한 첫날에는 자연적인 반등 칸에 마지막으로 기록한 주가 아래 검정색 밑줄을 긋는다. 자연적인 반등 칸에 마지막으로 기록한 주가보다 처음으로 6포인트 정도 조정 받았을 때부터 자연적인 조정 칸 혹은 하락 추세 칸에 주가를 적기 시작한다.

5. (a) 자연적인 반등 칸에 기록하는 중에, 만일 주가가 자연적인

반등 칸에 기록한 마지막 주가보다 3포인트 혹은 그 이상 상승했을 경우, 마지막 주가에 검정색 밑줄을 긋고 난 다음 주가를 상승 추세 칸에 검정색 잉크로 적어야 한다.

(b) 자연적인 조정 칸에 기록하는 중에, 만일 주가가 자연적인 조정 칸에 기록한 마지막 주가보다 3포인트 혹은 그 이상 하락했을 경우, 마지막 주가에 빨간색 밑줄을 긋고 난 다음 주가를 하락 추세 칸에 빨간색 잉크로 적어야 한다.

6. (a) 상승 추세 칸에 주가를 기록하는 중에 6포인트 정도의 조정이 발생하면 이때부터 자연적인 조정 칸에 주가를 적어야 하고, 그 이후 매일매일의 주가가 자연적인 조정 칸에 기록한 마지막 주가보다 낮은 한 계속해서 자연적인 조정 칸에 적도록 한다.

(b) 자연적인 반등 칸에 주가를 기록하는 중에 6포인트 정도의 조정이 발생하면 이때부터 자연적인 조정 칸에 주가를 적어야 하고, 그 이후 매일매일의 주가가 자연적인 조정 칸에 기록한 마지막 주가보다 낮은 한 계속해서 자연적인 조정 칸에 적도록 한다. 만일 주가가 하락 추세 칸에 마지막으로 기록했던 주가보다 더 떨어질 경우 그때부터는 하락 추세 칸에 주가를 옮겨 적어야 한다.

(c) 하락 추세 칸에 주가를 기록하는 중에 6포인트 정도의 반등

이 발생하면 이때부터 자연적인 반등 칸에 주가를 적어야 하고, 그 이후 매일매일의 주가가 자연적인 반등 칸에 기록한 마지막 주가보다 높은 한 계속해서 자연적인 반등 칸에 적도록 한다.

(d) 자연적인 조정 칸에 주가를 기록하는 중에 6포인트 정도의 반등이 발생하면 이때부터 자연적인 반등 칸에 주가를 적어야 하고, 그 이후 매일매일의 주가가 자연적인 반등 칸에 기록한 마지막 주가보다 높은 한 계속해서 자연적인 반등 칸에 적도록 한다. 만일 주가가 상승 추세 칸에 마지막으로 기록했던 주가보다 더 오를 경우 그때부터는 상승 추세 칸에 주가를 옮겨 적어야 한다.

(e) 자연적인 조정 칸에 주가를 기록하는 중에, 주가가 하락 추세 칸에 기록한 마지막 주가보다 더 떨어졌을 경우 이때부터 하락 추세 칸에 빨간색 잉크로 주가를 적어야 한다.

(f) 이와 동일한 원칙에 따라 자연적인 반등 칸에 주가를 기록하는 중에, 주가가 상승 추세 칸에 기록한 마지막 주가보다 더 올랐을 경우 이때부터 상승 추세 칸에 검정색 잉크로 주가를 적어야 한다.

(g) 만일 자연적인 조정 칸에 주가를 기록하는 중에, 자연적인 조정 칸에 기록한 마지막 주가보다 6포인트 정도 반등했는

데 이 주가가 자연적인 반등 칸에 마지막으로 기록한 주가보다 높지 않다면, 이때부터 2차적인 반등 칸에 주가를 적어야 하고, 주가가 자연적인 반등 칸의 마지막 주가를 넘어서지 않는 한 계속해서 2차적인 반등 칸에 적도록 한다. 주가가 자연적인 반등 칸의 마지막 주가를 넘어서면 그때부터 자연적인 반등 칸으로 옮겨 다시 적어야 한다.

(h) 만일 자연적인 반등 칸에 주가를 기록하는 중에, 자연적인 반등 칸에 기록한 마지막 주가보다 6포인트 정도 조정을 받았는데, 이 주가가 자연적인 조정 칸에 마지막으로 기록한 주가보다 낮지 않다면, 이때부터 2차적인 조정 칸에 주가를 적어야 하고, 주가가 자연적인 조정 칸의 마지막 주가를 밑돌지 않는 한 계속해서 2차적인 조정 칸에 적도록 한다. 주가가 자연적인 조정 칸의 마지막 주가를 밑돌면 그때부터 자연적인 조정 칸으로 옮겨 다시 적어야 한다.

7. 기준 가격을 기록할 때도 이와 똑같은 원칙을 적용한다. 다만 개별 종목에 대해 각각 6포인트를 적용하는 대신 두 종목에 대해 12포인트를 적용하도록 한다.

8. 하락 추세 칸 혹은 상승 추세 칸에 마지막으로 기록한 주가는 일단 자연적인 반등 칸 혹은 자연적인 조정 칸에 주가를 적어 넣기 시작하는 순간 분기점이 된다. 그리고 이 같은 반등이나 조정이 끝난 뒤 다시 그 반대쪽 칸에 주가를 기록하기 시작하

면, 앞서 적어 넣었던 칸의 가장 낮은 주가 혹은 가장 높은 주가가 또 하나의 분기점이 된다.

이렇게 주가 기록을 통해 두 개의 분기점이 도출되면 다음의 중요한 주가 흐름을 정확히 예측하는 데 아주 큰 도움이 된다. 이들 분기점에는 눈에 잘 띄게 빨간색 잉크 혹은 검정색 잉크로 밑줄을 두 번 긋도록 한다. 두 개의 밑줄을 긋는 이유는 분기점을 놓치지 않으려는 특별한 목적 때문인데, 주가가 이들 분기점에 다가설 때마다 아주 주의 깊게 지켜봐야 한다. 언제 행동에 나설 것인가는 이때부터 주가가 어떻게 움직이는가에 달려있다.

9. (a) 하락 추세 칸에 빨간색 잉크로 마지막으로 기록한 주가 아래 검정색 밑줄이 그어지면, 그 지점 근방에서 주식을 매수하라는 신호로 받아들일 수 있다.

   (b) 자연적인 반등 칸에 기록한 주가 아래 검정색 밑줄이 그어졌는데, 만일 그 주식이 다음 번 반등 시 분기점 주가 근방까지 오르게 되면, 이제 상승 추세 칸으로 옮겨 기록해야 할 정도로 시장이 그렇게 강력한지 여부를 판단해볼 시점이다.

   (c) 위의 두 가지 경우는 그 역도 성립한다. 즉 상승 추세 칸에 마지막으로 기록한 주가 아래 빨간색 밑줄이 그어지면, 그 지점 근방에서 주식을 매도하라는 신호로 받아들일 수 있

다. 또 자연적인 조정 칸에 기록한 주가 아래 빨간색 밑줄이 그어졌는데, 만일 그 주식이 다음 번 조정 시 분기점 주가 근방까지 떨어지게 되면, 이제 하락 추세 칸으로 옮겨 기록해야 할 정도로 시장이 그렇게 취약한지 여부를 판단해볼 시점이다.

10. (a) 여기서 설명한 모든 방법은 어떤 주식이 맨 처음 자연적인 반등이나 자연적인 조정을 겪은 뒤 마땅히 보여줘야 할 움직임을 제대로 나타내고 있는지 여부를 분명히 알아볼 수 있도록 고안된 것이다. 만일 주가 움직임이 기존의 방향을 계속 이어나간다면—상승이든 하락이든—앞서의 분기점을 돌파할 것이다. 즉 개별 종목의 경우 3포인트, 기준 주가로는 6포인트 이상 이전 분기점보다 더 상승하거나 하락할 것이다.

    (b) 만일 이런 모습을 보여주지 못한 채, 조정 시 이전 분기점(상승 추세 칸에 빨간색 잉크로 밑줄을 그어놓은 주가) 아래로 3포인트 혹은 그 이상 떨어진다면, 이제 그 주식의 상승 추세는 끝났다는 신호로 받아들여야 한다.

    (c) 하락 추세에도 이 원칙을 그대로 적용할 수 있다: 자연적인 반등이 끝난 다음 하락 추세 칸에 새로이 주가를 기록하려면 반드시 주가가 이전 분기점(하락 추세 칸에 검정색 잉크로 밑줄을 그어놓은 주가) 아래로 3포인트 혹은 그 이상 떨어져야만 하

락 추세가 계속 이어질 것이라고 볼 수 있다.

(d) 만일 이런 모습을 보여주지 못한 채, 반등 시 이전 분기점(하락 추세 칸에 검정색 잉크로 밑줄을 그어놓은 주가) 위로 3포인트 혹은 그 이상 올라간다면, 이제 그 주식의 하락 추세는 끝났다는 신호로 받아들여야 한다.

(e) 자연적인 반등 칸에 주가를 기록하는 중에, 만일 상승 추세 칸의 이전 분기점(빨간색 잉크로 밑줄을 그어놓은 주가)보다 약간 낮은 지점에서 반등을 멈추고, 여기서 3포인트 혹은 그 이상 조정을 받는다면, 이건 그 주식의 상승 추세가 끝났다는 것을 알려주는 위험 신호다.

(f) 자연적인 조정 칸에 주가를 기록하는 중에, 만일 하락 추세 칸의 이전 분기점(검정색 잉크로 밑줄을 그어놓은 주가)보다 약간 높은 지점에서 조정을 멈추고, 여기서 3포인트 혹은 그 이상 반등이 나타난다면, 이건 그 주식의 하락 추세가 끝났다는 것을 알려주는 위험 신호다.

리버모어의 시장을 여는 열쇠에 기초한 차트와 설명

Charts and Explanations
for the Livermore Market Key

| 일러두기 |
차트는 저자가 직접 기록한 양식을 실제로 보여주기 위해
원문 그대로를 수정없이 실었습니다.
차트 상단에 있는 각 칸의 영문 명칭은 다음과 같습니다.

Secondary Rally=2차적인 반등
Natural Rally=자연적인 반등
Upward Trend=상승 추세
Downward Trend-하락 추세
Natural Reaction=자연적인 조정
Secondary Reaction=2차적인 조정

1938년 4월 2일 (U.S. 스틸과 베들레헴 스틸의 주가를) 자연적인 반등 칸에 기록하기 시작했다. 어떤 원칙에 따라 여기에 적게 됐는지는 6-b를 참조하기 바란다. 하락 추세 칸의 마지막 주가에 검정색 밑줄을 그었다. 원칙 설명은 4-c를 참조.

4월 28일 주가를 자연적인 조정 칸에 기록하기 시작했다. 원칙 설명은 4-d 참조.

CHART ONE

	Secondary Rally	Natural Rally	Upward Trend	Downward Trend	Natural Reaction	Secondary Reaction	Secondary Rally	Natural Rally	Upward Trend	Downward Trend	Natural Reaction	Secondary Reaction	Secondary Rally	Natural Rally	Upward Trend	Downward Trend	Natural Reaction	Secondary Reaction
		$65\tfrac{3}{4}$						57						$122\tfrac{3}{4}$				
	$62\tfrac{1}{8}$		$48\tfrac{1}{2}$						$43\tfrac{1}{4}$						$91\tfrac{3}{4}$	128		
			$48\tfrac{1}{4}$					$65\tfrac{7}{8}$		$50\tfrac{1}{8}$							$98\tfrac{3}{8}$	
1938 DATE			U.S. STEEL						BETHLEHEM STEEL						KEY PRICE			
MAR 23			47							$50\tfrac{1}{4}$						$97\tfrac{1}{4}$		
24																		
25			$44\tfrac{3}{4}$							$46\tfrac{3}{4}$						$91\tfrac{1}{2}$		
SAT 26			44							46						90		
28			$43\tfrac{5}{8}$													$89\tfrac{5}{8}$		
29			$39\tfrac{5}{8}$							43						$82\tfrac{5}{8}$		
30			39							$42\tfrac{1}{8}$						$81\tfrac{1}{8}$		
31			38							40						78		
APR 1																		
SAT 2		$43\tfrac{1}{2}$						$46\tfrac{3}{8}$						$89\tfrac{7}{8}$				
4																		
5																		
6																		
7																		
8																		
SAT 9		$46\tfrac{1}{2}$						$49\tfrac{3}{4}$						$96\tfrac{1}{4}$				
11																		
12																		
13		$47\tfrac{1}{4}$												97				
14		$47\tfrac{1}{2}$												$97\tfrac{1}{4}$				
SAT 16		49						52						101				
18																		
19																		
20																		
21																		
22																		
SAT 23																		
25																		
26																		
27																		
28				43														
29				$42\tfrac{3}{8}$						45						$87\tfrac{3}{8}$		
SAT 30																		
MAY 2				$41\tfrac{1}{2}$						$44\tfrac{1}{4}$						$85\tfrac{3}{4}$		
3																		
4																		

여기에 기록된 모든 주가는 분기점을 놓치지 않도록 앞 페이지에 이어 계속 적어나간 것이다.

5월 5일부터 5월 21일까지는 주가를 전혀 적어 넣지 않았는데, 이것은 자연적인 조정 칸에 마지막으로 기록한 주가보다 낮은 주가가 한 번도 없었기 때문이다. 게다가 기록할 만한 정도의 반등도 없었다.

5월 27일 베들레헴 스틸의 주가를 빨간색 잉크로 적었는데, 이것은 앞서 하락 추세 칸에 기록했던 마지막 주가보다 낮아졌기 때문이다. 원칙 설명은 6-c 참조.

6월 2일 베들레헴 스틸의 주가가 43달러로 매수 대상이 됐다. 원칙 설명은 10-c와 10-d 참조. 같은 날 U.S. 스틸 주가도 42.25달러로 역시 매수 대상이 됐다. 원칙 설명은 10-f 참조.(오른쪽 페이지의 차트에는 누락돼 있다-옮긴이)

6월 10일 베들레헴 스틸의 주가를 2차적인 반등 칸에 기록했다. 원칙 설명은 6-e 참조.

CHART TWO

DATE	SECONDARY RALLY	NATURAL RALLY	UPWARD TREND	DOWNWARD TREND	NATURAL REACTION	SECONDARY REACTION	SECONDARY RALLY	NATURAL RALLY	UPWARD TREND	DOWNWARD TREND	NATURAL REACTION	SECONDARY REACTION	SECONDARY RALLY	NATURAL RALLY	UPWARD TREND	DOWNWARD TREND	NATURAL REACTION	SECONDARY REACTION
	49		38				52		40				101		78			
1938				$41\frac{1}{2}$						$44\frac{1}{4}$						$85\frac{3}{4}$		
	U.S. STEEL						BETHLEHEM STEEL						KEY PRICE					
MAY 5																		
6																		
SAT. 7																		
9																		
10																		
11																		
12																		
13																		
SAT. 14																		
16																		
17																		
18																		
19																		
20																		
SAT. 21																		
23										$44\frac{1}{8}$						$85\frac{5}{8}$		
24										$43\frac{1}{2}$						85		
25				$41\frac{3}{8}$						$42\frac{1}{2}$						$83\frac{7}{8}$		
26				$40\frac{1}{8}$						$40\frac{1}{2}$						$80\frac{7}{8}$		
27				$39\frac{7}{8}$							$39\frac{3}{4}$					$79\frac{5}{8}$		
SAT. 28																		
31				$39\frac{1}{4}$												79		
JUNE 1																		
2																		
3																		
SAT. 4																		
6																		
7																		
8																		
9																		
10					$46\frac{1}{2}$													
SAT. 11																		
13																		
14																		
15																		
16																		

6월 20일 U.S. 스틸의 주가를 2차적인 반등 칸에 기록했다. 원칙 설명은 6-g 참조.

6월 24일 U.S. 스틸과 베들레헴 스틸의 주가를 상승 추세 칸에 검정색 잉크로 기록했다. 원칙 설명은 5-a 참조.

7월 11일 U.S. 스틸과 베들레헴 스틸의 주가를 자연적인 조정 칸에 기록했다. 원칙 설명은 6-a와 4-a 참조.

7월 19일 U.S. 스틸과 베들레헴 스틸의 주가를 상승 추세 칸에 검정색 잉크로 적어 넣었는데, 이것은 앞서 상승 추세 칸에 기록했던 마지막 주가보다 높아졌기 때문이다. 원칙 설명은 4-b 참조.

CHART THREE

	Secondary Rally	Natural Rally	Upward Trend	Downward Trend	Natural Reaction	Secondary Reaction	Secondary Rally	Natural Rally	Upward Trend	Downward Trend	Natural Reaction	Secondary Reaction	Secondary Rally	Natural Rally	Upward Trend	Downward Trend	Natural Reaction	Secondary Reaction
			38						40						78			
		49						52						101				
				$39\frac{1}{4}$						$39\frac{3}{4}$							79	
1938																		
DATE			U.S. STEEL		$46\frac{1}{2}$				BETHLEHEM STEEL						KEY PRICE			
JUNE 17																		
SAT. 18																		
20	$45\frac{3}{8}$						$48\frac{1}{4}$						$93\frac{5}{8}$					
21	$46\frac{1}{2}$						$49\frac{7}{8}$						$96\frac{3}{8}$					
22	$48\frac{1}{2}$						$50\frac{7}{8}$						$99\frac{3}{8}$					
23		$51\frac{1}{4}$						$53\frac{1}{4}$						$104\frac{1}{2}$				
24			$53\frac{3}{4}$						$55\frac{1}{8}$						$108\frac{7}{8}$			
SAT. 25			$54\frac{7}{8}$						$58\frac{1}{8}$						113			
27																		
28																		
29			$56\frac{7}{8}$						$60\frac{1}{8}$						117			
30			$58\frac{3}{8}$						$61\frac{5}{8}$						120			
JULY 1			59												$120\frac{5}{8}$			
SAT. 2			$60\frac{7}{8}$						$62\frac{1}{2}$						$123\frac{3}{8}$			
5																		
6																		
7			$61\frac{3}{4}$												$124\frac{1}{4}$			
8																		
SAT. 9																		
11					$55\frac{5}{8}$						$56\frac{3}{4}$						$112\frac{3}{8}$	
12					$55\frac{1}{2}$												$112\frac{1}{4}$	
13																		
14																		
15																		
SAT. 16																		
18																		
19		$62\frac{3}{8}$						$63\frac{1}{8}$						$125\frac{1}{2}$				
20																		
21																		
22																		
SAT. 23																		
25		$63\frac{1}{4}$												$126\frac{3}{8}$				
26																		
27																		
28																		
29																		

8월 12일 U.S. 스틸의 주가를 2차적인 조정 칸에 적어 넣었는데, 이것은 앞서 자연적인 조정 칸에 기록했던 마지막 주가보다 낮지 않았기 때문이다. 같은 날 베들레헴 스틸의 주가는 자연적인 조정 칸에 적어 넣었는데, 이것은 앞서 자연적인 조정 칸에 기록했던 마지막 주가보다 낮았기 때문이다.

8월 24일 U.S. 스틸과 베들레헴 스틸의 주가를 자연적인 반등 칸에 기록했다. 원칙 설명은 6-d 참조.

8월 29일 U.S. 스틸과 베들레헴 스틸의 주가를 2차적인 조정 칸에 기록했다. 원칙 설명은 6-h 참조.

CHART FOUR

	SECONDARY RALLY	NATURAL RALLY	UPWARD TREND	DOWNWARD TREND	NATURAL REACTION	SECONDARY REACTION	SECONDARY RALLY	NATURAL RALLY	UPWARD TREND	DOWNWARD TREND	NATURAL REACTION	SECONDARY REACTION	SECONDARY RALLY	NATURAL RALLY	UPWARD TREND	DOWNWARD TREND	NATURAL REACTION	SECONDARY REACTION
			61 3/4						62 1/2						124 1/4			
					55 1/2						56 3/4						112 1/4	
			63 1/4						63 1/8						126 3/8			
1938																		
DATE			U.S. STEEL							BETHLEHEM STEEL					KEY PRICE			
SAT. JULY 30																		
AUG. 1																		
2																		
3																		
4																		
5																		
SAT. 6																		
8																		
9																		
10																		
11																		
12						56 5/8					54 7/8						111 1/2	
SAT. 13						56 1/2					54 5/8						111 1/8	
15																		
16																		
17																		
18																		
19																		
SAT. 20																		
22																		
23																		
24		61 5/8						61 3/8						123				
25																		
26		61 7/8						61 1/2						123 3/8				
SAT. 27																		
29						56 1/8						55					—	
30																		
31																		
SEPT. 1																		
2																		
SAT. 3																		
6																		
7																		
8																		
9																		
SAT. 10																		

9월 14일 U.S. 스틸의 주가를 하락 추세 칸에 기록했다. 원칙 설명은 5-b 참조. 같은 날 베들레헴 스틸의 주가는 자연적인 조정 칸에 기록했다. 베들레헴 스틸의 주가를 계속해서 자연적인 조정 칸에 적어 넣은 것은 앞서 빨간색으로 밑줄을 그어놓은 주가보다 3포인트 이상 낮은 수준까지 떨어지지 않았기 때문이다. 9월 20일 U.S. 스틸과 베들레헴 스틸의 주가를 자연적인 반등 칸에 기록했다. 원칙 설명은 U.S. 스틸은 6-c, 베들레헴 스틸은 6-d 참조.

9월 24일 U.S. 스틸의 주가를 하락 추세 칸에 빨간색 잉크로 적어 넣었는데, 앞서 하락 추세 칸에 기록했던 이전 주가보다 낮은 신저가였다.

9월 29일 U.S. 스틸과 베들레헴 스틸의 주가를 2차적인 반등 칸에 기록했다. 원칙 설명은 6-g 참조.

10월 5일 U.S. 스틸의 주가를 상승 추세 칸에 검정색 잉크로 기록했다. 원칙 설명은 5-a 참조.

10월 8일 베들레헴 스틸의 주가를 상승 추세 칸에 검정색 잉크로 기록했다. 원칙 설명은 6-d 참조.

CHART FIVE

Date	_	_	U.S. STEEL	_	_	_	_	_	BETHLEHEM STEEL	_	_	_	_	_	KEY PRICE	_	_	_
	SEC. RALLY	NAT. RALLY	UPWARD TREND	DOWNWARD TREND	NAT. REACTION	SEC. REACTION	SEC. RALLY	NAT. RALLY	UPWARD TREND	DOWNWARD TREND	NAT. REACTION	SEC. REACTION	SEC. RALLY	NAT. RALLY	UPWARD TREND	DOWNWARD TREND	NAT. REACTION	SEC. REACTION
			$63\frac{1}{4}$						$63\frac{1}{8}$						$126\frac{5}{8}$			
					$55\frac{1}{2}$												$111\frac{1}{8}$	
											$61\frac{1}{2}$						$123\frac{3}{8}$	
		$61\frac{7}{8}$																
1938					$56\frac{1}{8}$						55							
SEPT. 12																		
13			$54\frac{1}{4}$						$53\frac{5}{8}$								$107\frac{7}{8}$	
14			52						$52\frac{1}{2}$								$104\frac{1}{2}$	
15																		
16																		
SAT.17																		
19																		
20		$57\frac{5}{8}$							$58\frac{1}{4}$									
21		58													$116\frac{1}{4}$			
22																		
23																		
SAT.24			$51\frac{7}{8}$						52								$103\frac{7}{8}$	
26			$51\frac{1}{8}$						$51\frac{1}{4}$								$102\frac{3}{8}$	
27																		
28			$50\frac{7}{8}$						51								$101\frac{7}{8}$	
29	$57\frac{1}{8}$							$57\frac{3}{4}$						$114\frac{7}{8}$				
30		$59\frac{1}{4}$							$59\frac{1}{2}$						$118\frac{3}{8}$			
SAT. OCT.1		$60\frac{1}{4}$							60						$120\frac{1}{4}$			
3		$60\frac{3}{8}$							$60\frac{3}{8}$						$120\frac{3}{4}$			
4																		
5			62						62						124			
6			63						63						126			
7																		
SAT.8			$64\frac{1}{4}$						64						$128\frac{1}{4}$			
10																		
11																		
13			$65\frac{3}{8}$						$65\frac{1}{8}$						$130\frac{1}{2}$			
14																		
SAT.15																		
17																		
18																		
19																		
20																		
21																		
SAT.22			$65\frac{7}{8}$						$67\frac{1}{2}$						$133\frac{3}{8}$			
24			66												$133\frac{1}{2}$			

113

11월 18일 U.S. 스틸과 베들레헴 스틸의 주가를 자연적인 조정 칸에 기록했다. 원칙 설명은 6-a 참조.

CHART SIX

Date		U.S. STEEL						BETHLEHEM STEEL						KEY PRICE			
	Sec. Rally	Nat. Rally	Upward Trend	Downward Trend	Nat. Reaction	Sec. Reaction	Sec. Rally	Nat. Rally	Upward Trend	Downward Trend	Nat. Reaction	Sec. Reaction	Sec. Rally	Nat. Rally	Upward Trend	Downward Trend	Nat. Reaction	Sec. Reaction
1938		66						$67\frac{1}{2}$						$133\frac{1}{2}$				
OCT. 25		$66\frac{1}{8}$						$67\frac{7}{8}$						134				
26																		
27		$66\frac{1}{2}$						$68\frac{7}{8}$						$135\frac{3}{8}$				
28																		
SAT. 29																		
31																		
NOV. 1								69						$135\frac{1}{2}$				
2																		
3								$69\frac{1}{2}$						136				
4																		
SAT. 5																		
7		$66\frac{3}{4}$						$71\frac{7}{8}$						$138\frac{5}{8}$				
9		$69\frac{1}{2}$						$75\frac{3}{8}$						$144\frac{7}{8}$				
10		70						$75\frac{1}{2}$						$145\frac{1}{2}$				
SAT. 12		$71\frac{1}{4}$						$77\frac{5}{8}$						$148\frac{5}{8}$				
14																		
15																		
16																		
17																		
18			$65\frac{1}{8}$						$71\frac{7}{8}$						137			
SAT. 19																		
21																		
22																		
23																		
25																		
SAT. 26			$63\frac{1}{4}$						$71\frac{1}{2}$						$134\frac{3}{4}$			
28			61						$68\frac{3}{4}$						$129\frac{3}{4}$			
29																		
30																		
DEC. 1																		
2																		
SAT. 3																		
5																		
6																		
7																		
8																		

12월 14일 U.S. 스틸과 베들레헴 스틸의 주가를 자연적인 반등 칸에 기록했다. 원칙 설명은 6-d 참조.

12월 28일 베들레헴 스틸의 주가를 상승 추세 칸에 검정색 잉크로 적어 넣었는데, 앞서 상승 추세 칸에 기록했던 이전 주가보다 높은 신고가였다.

1939년 1월 4일 리버모어 방식에 따라 주식시장의 새로운 추세를 읽을 수 있었다. 원칙 설명은 10-a와 10-b 참조.

1월 12일 U.S. 스틸과 베들레헴 스틸의 주가를 2차적인 조정 칸에 기록했다. 원칙 설명은 6-h 참조.

CHART SEVEN

	U.S. STEEL						BETHLEHEM STEEL						KEY PRICE					
	SECONDARY RALLY	NATURAL RALLY	UPWARD TREND	DOWNWARD TREND	NATURAL REACTION	SECONDARY REACTION	SECONDARY RALLY	NATURAL RALLY	UPWARD TREND	DOWNWARD TREND	NATURAL REACTION	SECONDARY REACTION	SECONDARY RALLY	NATURAL RALLY	UPWARD TREND	DOWNWARD TREND	NATURAL REACTION	SECONDARY REACTION
			71 1/4		61				77 5/8		68 3/4				148 7/8		129 3/4	
1938 DATE																		
DEC. 9																		
SAT. 10																		
12																		
13																		
14		66 5/8						75 1/4						141 7/8				
15		67 1/8						76 3/8						143 1/2				
16																		
SAT. 17																		
19																		
20																		
21																		
22																		
23																		
SAT. 24																		
27																		
28		67 3/4						78						145 3/4				
29																		
30																		
SAT. 31																		
1939 JAN. 3																		
4		70						80						150				
5																		
6																		
SAT. 7																		
9																		
10																		
11								73 3/4										
12					62 5/8						71 1/2						139 1/8	
13																		
SAT. 14																		
16																		
17																		
18																		
19																		
20																		
SAT. 21					62						69 1/2						131 1/2	

1월 23일 U.S. 스틸과 베들레헴 스틸의 주가를 하락 추세 칸에 기록했다. 원칙 설명은 5-b 참조.

1월 31일 U.S. 스틸과 베들레헴 스틸의 주가를 자연적인 반등 칸에 기록했다. 원칙 설명은 6-c와 4-c 참조.

CHART EIGHT

	SECONDARY RALLY	NATURAL RALLY	UPWARD TREND	DOWNWARD TREND	NATURAL REACTION	SECONDARY REACTION	SECONDARY RALLY	NATURAL RALLY	UPWARD TREND	DOWNWARD TREND	NATURAL REACTION	SECONDARY REACTION	SECONDARY RALLY	NATURAL RALLY	UPWARD TREND	DOWNWARD TREND	NATURAL REACTION	SECONDARY REACTION
			71¼						77⅝						148⅞			
					61						68¾						129¾	
		70							80						150			
1939						62						69½						131½
DATE			U.S. STEEL						BETHLEHEM STEEL						KEY PRICE			
JAN. 23				57⅞						63¾						121⅝		
24				56½						63¼						119¾		
25				55⅝						63						118⅝		
26				53¼						60¼						113½		
27																		
SAT. 28																		
30																		
31		59½						68½						128				
FEB. 1																		
2		60												128½				
3																		
SAT. 4		60⅝						69						129⅝				
6								69⅞						130¾				
7																		
8																		
9																		
10																		
SAT. 11																		
14																		
15																		
16								70¾						131⅝				
17		61⅛						71¼						132⅜				
SAT. 18		61¼												132½				
20																		
21																		
23																		
24		62¼						72⅜						134⅝				
SAT. 25		63¾						74¾						138½				
27																		
28		64¾						75						139¾				
MAR. 1																		
2																		
3		64⅞						75¼						140				
SAT. 4								75½						140⅜				
6																		
7																		

3월 16일 U.S. 스틸과 베들레헴 스틸의 주가를 자연적인 조정 칸에 기록했다. 원칙 설명은 6-b 참조.

3월 30일 U.S. 스틸의 주가를 하락 추세 칸에 적어 넣었는데, 앞서 하락 추세 칸에 기록했던 이전 주가보다 낮은 신저가였다.
3월 31일 베들레헴 스틸의 주가를 하락 추세 칸에 적어 넣었는데, 앞서 하락 추세 칸에 기록했던 이전 주가보다 낮은 신저가였다.

4월 15일 U.S. 스틸과 베들레헴 스틸의 주가를 자연적인 반등 칸에 기록했다. 원칙 설명은 6-c 참조.

CHART NINE

		U.S. STEEL						BETHLEHEM STEEL						KEY PRICE			
SECONDARY RALLY	NATURAL RALLY	UPWARD TREND	DOWNWARD TREND	NATURAL REACTION	SECONDARY REACTION	SECONDARY RALLY	NATURAL RALLY	UPWARD TREND	DOWNWARD TREND	NATURAL REACTION	SECONDARY REACTION	SECONDARY RALLY	NATURAL RALLY	UPWARD TREND	DOWNWARD TREND	NATURAL REACTION	SECONDARY REACTION
1939 DATE																	
	$64\tfrac{7}{8}$	$53\tfrac{1}{4}$					$75\tfrac{1}{2}$	$60\tfrac{1}{4}$					$140\tfrac{3}{8}$		$113\tfrac{1}{2}$		
MAR. 8 — 65													$140\tfrac{1}{2}$				
9	$65\tfrac{1}{2}$						$75\tfrac{7}{8}$						$141\tfrac{3}{8}$				
10																	
SAT. 11																	
13																	
14																	
15																	
16			$59\tfrac{5}{8}$						$69\tfrac{1}{4}$							$128\tfrac{7}{8}$	
17			$56\tfrac{3}{4}$						$66\tfrac{3}{4}$							$123\tfrac{1}{2}$	
SAT. 18			$54\tfrac{3}{4}$						65							$119\tfrac{3}{4}$	
20																	
21																	
22			$53\tfrac{1}{2}$						$63\tfrac{5}{8}$							$117\tfrac{1}{8}$	
23																	
24																	
SAT. 25																	
27																	
28																	
29																	
30			$52\tfrac{1}{8}$						62							$114\tfrac{1}{8}$	
31			$49\tfrac{7}{8}$						$58\tfrac{3}{4}$							$108\tfrac{5}{8}$	
APR. SAT. 1																	
3																	
4			$48\tfrac{1}{4}$						$57\tfrac{5}{8}$							$105\tfrac{7}{8}$	
5																	
6			$47\tfrac{1}{4}$						$55\tfrac{1}{2}$							$102\tfrac{3}{4}$	
SAT. 8			$44\tfrac{7}{8}$						$52\tfrac{1}{2}$							$97\tfrac{3}{8}$	
10																	
11			$\underline{44\tfrac{3}{8}}$						$\underline{51\tfrac{5}{8}}$							$\underline{96}$	
12																	
13																	
14																	
SAT. 15	$\underline{50}$						$\underline{58\tfrac{1}{2}}$						$\underline{108\tfrac{1}{2}}$				
17																	
18																	
19																	

5월 17일 U.S. 스틸과 베들레헴 스틸의 주가를 자연적인 조정 칸에 기록했고, 다음날인 5월 18일에는 U.S. 스틸의 주가를 하락 추세 칸에 적어 넣었다. 원칙 설명은 6-d 참조. 그 다음 날인 5월 19일에는 베들레헴 스틸의 주가를 하락 추세 칸에 적어 넣은 뒤 빨간색 밑줄을 그었는데, 앞서 하락 추세 칸에 기록했던 마지막 주가와 같았기 때문이다.

5월 25일 U.S. 스틸과 베들레헴 스틸의 주가를 2차적인 반등 칸에 기록했다. 원칙 설명은 6-c 참조.

CHART TEN

Date	_	_	_	_	U.S. STEEL	_	_	_	_	BETHLEHEM STEEL	_	_	_	_	KEY PRICE	_	_
	SEC. RALLY	NAT. RALLY	UPWARD TREND	DOWNWARD TREND	NAT. REACTION	SEC. REACTION	NAT. RALLY	UPWARD TREND	DOWNWARD TREND	NAT. REACTION	SEC. REACTION	NAT. RALLY	UPWARD TREND	DOWNWARD TREND	NAT. REACTION	SEC. REACTION
1939		50	$44\tfrac{3}{4}$				$58\tfrac{1}{2}$	$51\tfrac{5}{8}$				$108\tfrac{1}{2}$		96		
APR 20																
21																
SAT. 22																
24																
25																
26																
27																
28																
SAT. 29																
MAY 1																
2																
3																
4																
5																
SAT. 6																
8																
9																
10																
11																
12																
SAT. 13																
15																
16																
17			$44\tfrac{5}{8}$				52							$96\tfrac{5}{8}$		
18			$43\tfrac{1}{4}$											$95\tfrac{1}{4}$		
19														$94\tfrac{7}{8}$		
SAT. 20																
22																
23																
24																
25	$48\tfrac{3}{4}$						$57\tfrac{3}{4}$					$106\tfrac{1}{2}$				
26	49						58					107				
SAT. 27	$49\tfrac{3}{8}$						—					$107\tfrac{7}{8}$				
29		$50\tfrac{1}{4}$					$59\tfrac{3}{8}$					$109\tfrac{5}{8}$				
31		$50\tfrac{7}{8}$					60					$110\tfrac{7}{8}$				
JUNE 1																

6월 16일 베들레헴 스틸의 주가를 자연적인 조정 칸에 기록했다. 원칙 설명은 6-b 참조.

6월 28일 U.S. 스틸의 주가를 자연적인 조정 칸에 기록했다. 원칙 설명은 6-b 참조.
6월 29일 베들레헴 스틸의 주가를 하락 추세 칸에 적어 넣었는데, 앞서 하락 추세 칸에 기록했던 마지막 주가보다 낮았기 때문이다.

7월 13일 U.S. 스틸과 베들레헴 스틸의 주가를 2차적인 반등 칸에 기록했다. 원칙 설명은 6-g 참조.

CHART ELEVEN

	SECONDARY RALLY	NATURAL RALLY	UPWARD TREND	DOWNWARD TREND	NATURAL REACTION	SECONDARY REACTION	SECONDARY RALLY	NATURAL RALLY	UPWARD TREND	DOWNWARD TREND	NATURAL REACTION	SECONDARY REACTION	SECONDARY RALLY	NATURAL RALLY	UPWARD TREND	DOWNWARD TREND	NATURAL REACTION	SECONDARY REACTION
				44 3/8						51 5/8						96		
		50						58 1/2						108 1/2				
				43 1/4						—						94 7/8		
1939		50 7/8						60						110 7/8				
DATE			U.S. STEEL						BETHLEHEM STEEL						KEY PRICE			
JUNE 2																		
SAT. 3																		
5																		
6																		
7																		
8																		
9																		
SAT. 10																		
12																		
13																		
14																		
15																		
16											54							
SAT. 17																		
19																		
20																		
21																		
22																		
23																		
SAT. 24																		
26																		
27																		
28					45						52 1/2						97 1/2	
29					43 3/4					51						94 3/4		
30					43 5/8					50 1/4						93 7/8		
SAT JULY 1																		
3																		
5																		
6																		
7																		
SAT. 8																		
10																		
11																		
12																		
13	48 1/4						57 1/4						105 1/2					
14																		

7월 21일 베들레헴 스틸의 주가를 상승 추세 칸에 기록했고, 다음날인 7월 22일에는 U.S. 스틸의 주가를 역시 상승 추세 칸에 적어 넣었다. 원칙 설명은 5-a 참조.

8월 4일 U.S. 스틸과 베들레헴 스틸의 주가를 자연적인 조정 칸에 기록했다. 원칙 설명은 4-a 참조.

8월 23일 U.S. 스틸의 주가를 하락 추세 칸에 적어 넣었는데, 앞서 하락 추세 칸에 기록했던 이전 주가보다 낮은 신저가였다.

CHART TWELVE

Date	Secondary Rally	Natural Rally	Upward Trend	Downward Trend	Natural Reaction	Secondary Rally	Natural Rally	Upward Trend	Downward Trend	Natural Reaction	Secondary Rally	Natural Rally	Upward Trend	Downward Trend	Natural Reaction	Secondary Reaction
				$43\frac{1}{4}$					$51\frac{5}{8}$						$94\frac{7}{8}$	
		$50\frac{7}{8}$						60					$110\frac{7}{8}$			
					$43\frac{5}{8}$					$50\frac{1}{4}$						$93\frac{7}{8}$
1939	$48\frac{1}{4}$						$57\frac{1}{4}$					$105\frac{1}{2}$				
		U.S. STEEL					BETHLEHEM STEEL					KEY PRICE				
SAT. JULY 15																
17	$50\frac{3}{4}$						$60\frac{3}{8}$					$111\frac{1}{8}$				
18		$51\frac{7}{8}$					62					$113\frac{7}{8}$				
19																
20																
21		$52\frac{1}{2}$					63					$115\frac{1}{2}$				
SAT.22		$54\frac{1}{8}$					65					$119\frac{1}{8}$				
24																
25		$55\frac{1}{8}$					$65\frac{3}{4}$					$120\frac{7}{8}$				
26																
27																
28																
SAT.29																
31																
AUG. 1																
2																
3																
4				$49\frac{1}{2}$					$59\frac{1}{2}$					109		
SAT. 5																
7				$49\frac{1}{4}$										$108\frac{3}{4}$		
8																
9									59					$108\frac{1}{4}$		
10				$47\frac{3}{4}$					58					$105\frac{3}{4}$		
11				47										105		
SAT.12																
14																
15																
16																
17				$46\frac{1}{2}$										$104\frac{1}{2}$		
18				45						$55\frac{1}{8}$				$100\frac{1}{8}$		
SAT.19																
21				$43\frac{3}{8}$						$53\frac{3}{8}$				$96\frac{3}{4}$		
22																
23			$42\frac{5}{8}$											96		
24			$41\frac{5}{8}$							$51\frac{7}{8}$				$93\frac{1}{2}$		
25																

8월 29일 U.S. 스틸과 베들레헴 스틸의 주가를 자연적인 반등 칸에 기록했다. 원칙 설명은 6-d 참조.

9월 2일 U.S. 스틸과 베들레헴 스틸의 주가를 상승 추세 칸에 적어 넣었는데, 앞서 상승 추세 칸에 기록했던 마지막 주가보다 높았기 때문이다.

9월 14일 U.S. 스틸과 베들레헴 스틸의 주가를 자연적인 조정 칸에 기록했다. 원칙 설명은 6-a와 4-a 참조.

9월 19일 U.S. 스틸과 베들레헴 스틸의 주가를 자연적인 반등 칸에 기록했다. 원칙 설명은 6-d와 4-b 참조.

9월 28일 U.S. 스틸과 베들레헴 스틸의 주가를 2차적인 조정 칸에 기록했다. 원칙 설명은 6-h 참조.

10월 6일 U.S. 스틸과 베들레헴 스틸의 주가를 2차적인 반등 칸에 기록했다. 원칙 설명은 6-g 참조.

CHART THIRTEEN

		U.S. STEEL						BETHLEHEM STEEL						KEY PRICE			
SECONDARY RALLY	NATURAL RALLY	UPWARD TREND	DOWNWARD TREND	NATURAL REACTION	SECONDARY REACTION	SECONDARY RALLY	NATURAL RALLY	UPWARD TREND	DOWNWARD TREND	NATURAL REACTION	SECONDARY REACTION	SECONDARY RALLY	NATURAL RALLY	UPWARD TREND	DOWNWARD TREND	NATURAL REACTION	SECONDARY REACTION
		$43\tfrac{1}{4}$						$50\tfrac{1}{4}$							$93\tfrac{7}{8}$		
	$55\tfrac{1}{8}$						$65\tfrac{3}{4}$						$120\tfrac{7}{8}$				
		$41\tfrac{5}{8}$						$51\tfrac{7}{8}$							$93\tfrac{1}{2}$		

1939 DATE

Date	SR	NR	UT	DT	NRx	SRx	SR	NR	UT	DT	NRx	SRx	SR	NR	UT	DT	NRx	SRx
SAT. AUG. 26																		
28																		
29		48						$60\tfrac{1}{2}$						$108\tfrac{1}{2}$				
30																		
31																		
SEPT. 1		52						$65\tfrac{1}{2}$						$117\tfrac{1}{2}$				
SAT. 2		$55\tfrac{1}{4}$							$70\tfrac{3}{8}$						$125\tfrac{5}{8}$			
5		$66\tfrac{7}{8}$							$85\tfrac{1}{2}$						$152\tfrac{3}{8}$			
6																		
7																		
8		$69\tfrac{3}{4}$							87						$156\tfrac{3}{4}$			
SAT. 9		70							$88\tfrac{3}{4}$						$158\tfrac{3}{4}$			
11		$78\tfrac{5}{8}$							100						$178\tfrac{5}{8}$			
12		$82\tfrac{3}{4}$													$182\tfrac{3}{4}$			
13																		
14					$76\tfrac{3}{8}$						$91\tfrac{3}{4}$						$168\tfrac{1}{8}$	
15																		
SAT. 16					$75\tfrac{1}{2}$						$88\tfrac{3}{8}$						$163\tfrac{7}{8}$	
18					$70\tfrac{1}{2}$						$83\tfrac{3}{4}$						$154\tfrac{1}{4}$	
19	78							$92\tfrac{3}{8}$						$170\tfrac{3}{8}$				
20	$80\tfrac{5}{8}$							$95\tfrac{5}{8}$						$176\tfrac{1}{4}$				
21																		
22																		
SAT. 23																		
25																		
26																		
27																		
28					$75\tfrac{1}{8}$						89						$164\tfrac{1}{8}$	
29					$73\tfrac{1}{2}$						$86\tfrac{3}{4}$						$160\tfrac{1}{4}$	
SAT. 30																		
OCT. 2																		
3																		
4					73						$86\tfrac{1}{4}$						$159\tfrac{1}{4}$	
5																		
6	$78\tfrac{1}{2}$							$92\tfrac{3}{4}$						$171\tfrac{1}{4}$				
SAT. 7																		

11월 3일 U.S. 스틸의 주가를 2차적인 조정 칸에 적어 넣었는데, 앞서 2차적인 조정 칸에 기록했던 마지막 주가보다 낮았기 때문이다.

11월 9일 U.S. 스틸의 자연적인 조정 칸에 그냥 줄만 그었는데, 앞서 자연적인 조정 칸에 기록했던 마지막 주가와 같았기 때문이다. 같은날 베들레헴 스틸의 주가는 자연적인 조정 칸에 새로이 적어 넣었는데, 앞서 자연적인 조정 칸에 기록했던 마지막 주가보다 낮았기 때문이다.

CHART FOURTEEN

	SECONDARY RALLY	NATURAL RALLY	UPWARD TREND	DOWNWARD TREND	NATURAL REACTION	SECONDARY REACTION	SECONDARY RALLY	NATURAL RALLY	UPWARD TREND	DOWNWARD TREND	NATURAL REACTION	SECONDARY REACTION	SECONDARY RALLY	NATURAL RALLY	UPWARD TREND	DOWNWARD TREND	NATURAL REACTION	SECONDARY REACTION
			82 3/4						100						182 3/4			
					70 1/2						83 3/4						154 1/4	
		80 5/8						95 5/8						176 1/4				
						73						86 1/4						159 1/4
1939	78 1/2						92 3/4						171 1/4					
DATE			U.S. STEEL						BETHLEHEM STEEL						KEY PRICE			
OCT. 9																		
10																		
11																		
13																		
SAT. 14																		
16																		
17	78 7/8						93 7/8						172 3/4					
18	79 1/4												173 1/2					
19																		
20																		
SAT. 21																		
23																		
24																		
25																		
26																		
27																		
SAT. 28																		
30																		
31																		
NOV. 1																		
2																		
3						72 1/2												
SAT. 4																		
6																		
8						72 1/8						86 1/8						158 1/4
9					—						83 1/4						153 3/4	
10					68 3/4						81 3/4						150 1/2	
13																		
14																		
15																		
16																		
17																		
SAT. 18																		
20																		
21																		
22																		

11월 24일 U.S. 스틸의 주가를 하락 추세 칸에 기록했다. 원칙 설명은 6-e 참조. 다음날인 11월 25일에는 베들레헴 스틸의 주가를 역시 하락 추세 칸에 기록했다. 원칙 설명은 6-e 참조.

12월 7일 U.S. 스틸과 베들레헴 스틸의 주가를 자연적인 반등 칸에 기록했다. 원칙 설명은 6-c 참조.

CHART FIFTEEN

Date	| U.S. STEEL |						| BETHLEHEM STEEL |						| KEY PRICE |					
	Sec. Rally	Nat. Rally	Up Trend	Down Trend	Nat. React	Sec. React	Sec. Rally	Nat. Rally	Up Trend	Down Trend	Nat. React	Sec. React	Sec. Rally	Nat. Rally	Up Trend	Down Trend	Nat. React	Sec. React
			82¾												182¾			
				70½				100	83¾								154¼	
		80⅝						95⅝						176¼				
1939				68¾					81¾								150¼	
NOV. 24			66⅞						81						147⅞			
SAT. 25										80¾								147⅝
27																		
28																		
29			65⅞						78⅛						144			
30				63⅝						77							140⅝	
DEC. 1																		
SAT. 2																		
4																		
5																		
6																		
7		69¾						84						153¾				
8																		
SAT. 9																		
11																		
12																		
13																		
14								84⅞						154⅝				
15																		
SAT. 16																		
18																		
19																		
20																		
21																		
22																		
SAT. 23																		
26																		
27																		
28																		
29																		
SAT. 30																		
1940 JAN. 2																		
3																		
4																		
5																		
SAT. 6																		

1940년 1월 9일 U.S. 스틸과 베들레헴 스틸의 주가를 자연적인 조정 칸에 기록했다. 원칙 설명은 6-b 참조.

1월 11일 U.S. 스틸과 베들레헴 스틸의 주가를 하락 추세 칸에 적어 넣었는데, 앞서 하락 추세 칸에 기록했던 마지막 주가보다 낮았기 때문이다.

2월 7일 베들레헴 스틸의 주가를 자연적인 반등 칸에 적어 넣기 시작했는데, 이 칸에 기록하기 위해 필요한 6포인트 이상의 반등을 보여준 첫날이었기 때문이다. 다음날에는 U.S. 스틸의 주가도 베들레헴 스틸 및 기준 주가와 함께 자연적인 반등 칸에 적어 넣기 시작했는데, 기준 주가 역시 이 칸에 기록하기 위해 필요한 12포인트 이상의 반등을 보여준 첫날이었기 때문이다.

CHART SIXTEEN

	SECONDARY RALLY	NATURAL RALLY	UPWARD TREND	DOWNWARD TREND	NATURAL REACTION	SECONDARY REACTION	SECONDARY RALLY	NATURAL RALLY	UPWARD TREND	DOWNWARD TREND	NATURAL REACTION	SECONDARY REACTION	SECONDARY RALLY	NATURAL RALLY	UPWARD TREND	DOWNWARD TREND	NATURAL REACTION	SECONDARY REACTION
			$63\frac{5}{8}$							77					$140\frac{5}{8}$			
1940		$69\frac{3}{4}$							$84\frac{7}{8}$					$154\frac{5}{8}$				
			U.S. STEEL						BETHLEHEM STEEL						KEY PRICE			
JAN. 8																		
9			$64\frac{1}{4}$						$78\frac{1}{2}$						$142\frac{3}{4}$			
10			$63\frac{3}{4}$												$142\frac{1}{4}$			
11			62							$76\frac{1}{2}$						$138\frac{1}{2}$			
12			$60\frac{1}{8}$							$74\frac{1}{8}$						134			
SAT.13			$59\frac{5}{8}$							$73\frac{1}{2}$						$133\frac{1}{8}$			
15			$57\frac{1}{2}$							72						$129\frac{1}{2}$			
16																		
17																		
18			$56\frac{7}{8}$							$71\frac{1}{2}$						$128\frac{3}{8}$			
19										71						$127\frac{7}{8}$			
SAT.20																		
22			$55\frac{7}{8}$							$70\frac{1}{8}$						126			
23																		
24																		
25																		
26																		
SAT.27																		
29																		
30																		
31																		
FEB.1																		
2																		
SAT.3																		
5																		
6																		
7									$76\frac{3}{8}$										
8		61							78					139				
9		$61\frac{3}{4}$							$79\frac{1}{2}$					$141\frac{1}{4}$				
SAT.10																		
13																		
14																		
15																		
16					$56\frac{1}{8}$													
SAT.17																		
19																		

해설: 냉정한 승부사 vs. 상처받은 탐욕

박정태

1

《제시 리버모어의 회상Reminiscences of a Stock Operator》을 쓴 에드윈 르페브르는 월스트리트를 소설의 배경으로 삼고 있는 이유에 대해 "인간을 움직이는 두 가지 거대한 원동력이 있는데, 사랑과 탐욕이 그것이며 월스트리트야말로 '상처받은 탐욕'이 모이는 장소기 때문"이라고 말했다. 제시 리버모어는 냉정한 승부사인 동시에 상처받고 괴로워하는 욕망의 화신이었다.

제시 리버모어는 평생 독립적으로 활동한 순수한 개인 투자자였다. 월스트리트 바깥에서는 한 푼도 벌지 못했다고 고백할 정도로 그는 철저한 전업 트레이더였다. 주식시장이든 상품시장이든 때를 노리며 참고 기다리다가 기회가 왔다 싶으면 자기가 가진 것 전부를 거는 천부적인 승부사였다.

그는 투자은행으로부터 단 한 번도 자금 지원을 받지 않았고, 자산운용회사의 펀드를 운용한 적도 없었다. "외로운 늑대"라는 별명까지 얻어가며 오로지 자기 혼자 힘으로만 투자를 했다. 그러면서도 1907년 패닉과 1929년 주가 대폭락 당시 내노라 하는 투자은행이나 자산운용회사보다 막강한 영향력을 행사하며 대성공을 거뒀다. 아마도 개인 투자자가 월스트리트의 거대 기관투자가들보다 더 큰 힘을 갖고 주식시장을 좌지우지했던 것은 리버모어가 마지막일 것이다.

2

리버모어가 주식시장에서 성공할 수 있었던 이유는 무엇보다 주가를 읽어내는 독창적인 기술 덕분이었다. 그는 소년시절부터 버킷샵을 상대로 거래하면서 주가 예측 능력을 단련했고, 그 뒤 월스트리트로 진출해 본격적인 투기 거래를 하면서 장기적인 시장의 큰 흐름을 파악해내는 감각을 익혔다. 큰돈은 대세상승이나 대세하락 같은 큰 흐름에서 벌어야 한다는 점을 배웠고, 그래서 작은 파동은 무시할 수 있었다.

이 책《주식 투자의 기술》에서 리버모어가 가장 강조하는 것도 바로 이 같은 큰 흐름을 찾아내라는 것이다. "매일 혹은 매주 투기를 해서 성공할 수 있는 사람은 아무도 없다. 기회는 1년에 몇 차례밖에 없다. 네다섯 번이 고작이다. 이런 기회가 왔을 때 비로소 가진 돈을 전부 걸어야 한다. 그 사이에는 다음 번 큰 주가 흐름을 시장 스스로 만들어내도록 기다려줘야 한다."

그는 자기 내부의 적을 잘 알았다. 시장에서 활동하는 인간의 가장 큰 두 가지 약점, 바로 희망과 두려움을 항상 경계했다. 그는 대중들이 두려워할 때 희망을 가졌고, 대중들이 희망에 부풀어 있을 때 조심스럽게 물러섰다. "투기자의 가장 큰 적은 늘 자기 내부에서 튀어나온다."

특히 어떤 내부자 정보에도 귀 기울이지 않았다. 오로지 자신의 판단에 따라 투기를 해나갔다. "누구든 자기 자신을 믿고 스스로의 판단을 신뢰해야 한다. 그래야 주식 투기라는 게임에서 살아남을 수 있다. 내가 비밀정보를 믿지 않는 것도 이런 이유 때문이다." 그는 냉정하게 승부했다. 자신이 틀렸으면 마땅히 그 대가를 치렀다.

리버모어는 자신이 큰돈을 번 것은 머리 때문이 아니라고 말한다. "그것은 앉아 있은 덕분이었다. 진득하게 앉아 있은 덕분에 큰돈을 벌었다는 말이다! 시장에 대해 올바른 판단을 내리는 것은 전혀 대단한 기술이 아니다. 옳은 판단을 내리는 동시에 진득하게 앉아 있는 사람은 드물다. 무지한 상태에서 수백 달러를 버는 것보다 거래하는 방법을 제대로 안 다음 수백만 달러를 버는 게 더 쉽다는 것은 틀림없는 사실이다."

그는 실수로부터 배울 줄 알았다. 지적인 분석 능력보다 중요한 게 유연한 사고 방식이다. 리버모어는 절대 자신이 100% 정확하다고 생각하지 않았다. 맞는 경우가 틀리는 경우보다 많다는 사실에 만족했고 이를 최대한 활용할 줄 알았다. 이 책의 첫 구절만큼 냉정한 승부사로서의 그의 진면목을 잘 드러내는 대목도 없을 것이다.

"투기라고 하는 게임만큼 언제나 그렇게 흥미진진한 게임도 없다. 그러나 이 게임은 어리석은 사람이나 정신적으로 굼뜬 사람, 감정 조절이 잘 안 되는 사람에게는 어울리지 않는다. 단번에 벼락부자가 되려는 투기꾼에게는 더더욱 맞지 않는다. 이런 사람들은 불행 속에서 죽음을 맞이할 것이다."

리버모어는 그러나 1934년 네 번째로 파산한 뒤 다시는 재기하지 못했다. 그의 나이 쉰일곱에 다시 자신이 출발했던 그 자리로 되돌아온 셈이 됐다. 1930년대는 이미 그의 시대가 아니었다. 대공황 이후 금융시장 안정책의 일환으로 잇달아 제정된 증권거래 규제법에 따라 그가 애용했던 시세조종 기법을 더 이상 써먹을 수 없었고, 주식시장도 그가 재기를 노리기에는 너무 침체된 상황이었다.

3

뉴잉글랜드 시골마을에서 빈농의 아들로 태어난 리버모어는 초등학교 졸업이 학력의 전부였다. 열네 살 나이에 보스턴으로 올라와 시세판 담당 사환으로 일하기 시작했을 때 그가 가진 전 재산은 고작 5달러였다. 하지만 그에게는 주가의 흐름을 읽어내는 타고난 감각이 있었고, 누구보다 뛰어난 기억력과 암산 능력이 있었다. 열다섯 살 나이에 당시로서는 거액인 1000달러를 벌었고, 스무 살에는 1만 달러나 되는 큰돈을 수중에 넣기도 했다.

뉴잉글랜드는 물론 중서부 지역의 버킷샵까지 평정하며 "꼬마 승부사(Boy Plunger)"로 통했던 리버모어는 21세가 되던 1898년 "큰 물" 월스트리트에서 활동하기 위해 뉴욕에 발을 내디뎠다. 그러나 주문 접수와 주문 체결 간의 시차를 내다보지 못함으로써 처음으로 참담한 실패를 경험해야 했다. 빈털터리가 된 그는 절치부심하며 다시 버킷샵과 버커티어들을 상대로 조금씩 돈을 따 뉴욕으로 복귀할 판돈을 마련했다.

그가 월스트리트에서 첫 번째 대성공을 거둔 것은 1907년 패닉 때였다. 자금시장이 악화되고 있다는 것을 간파한 그는 대규모 공매도 포지션을 취했고, 연방준비제도가 없었던 시절 중앙은행 역할을 했던 J.P. 모건이 리버모어에게 주식 매도를 멈춰줄 것을 요청했을 정도로 그는 시장을 흔들었고, 100만 달러가 넘는 큰돈을 벌었다. 그 스스로 "내 생애 최고의 날"이라고 부른 1907년 10월 24일을 지나며 그는 한 차원 높은 투기자로 올라섰다.

그러나 1908년 당시 면화시장의 최고 전문가로 꼽혔던 시어도어 프라이스의 설득에 넘어가 면화선물을 대거 매수했다가 엄청난 손실을 입고, 잇달아 불운이 겹치면서 리버모어는 1915년 2월 공식적으로는 처음 파산신청을 했다. 자신의 판단을 따르지 않고 업계 전문가로 인정받는 다른 사람의 조언을 따른 게 화근이었다. 하지만 그의 말처럼 "생애에서 가장 길었던" 6주간의 인내와 기다림 끝에 그는 베들레헴 스틸 주식을 매수해 재기의 발판을 마련했고, 1917년에는 부채를 전부 상환했다.

1920년대는 리버모어에게 가히 황금광 시대였다. 주식시장뿐만 아니라 상품시장에서도 잇달아 대성공을 거뒀다. 또 당시 주간지로는 최대 부수를 자랑했던 〈새터데이 이브닝 포스트〉에 에드윈 르페브르가 그를 주인공으로 해서 쓴 《제시 리버모어의 회상》이 1922~23년 사이 연재되면서 그는 일약 월스트리트에서 가장 유명한 투기자로 부상했다. 특히 최고의 약세 투기자로 알려지면서 주식시장이 하락세를 보이기만 하면 그의 이름이 사람들 입에 오르내릴 정도로 그의 위세는 대단했다.

1929년 10월 말 월스트리트를 강타한 주가 대폭락 사태는 그에게 엄청난 기회였지만, 역설적이게도 몰락의 서곡이었다. 공매도 포지션을 취해 큰돈을 벌었으나, 곧바로 이어진 1930년대의 대공황은 그가 설 자리를 없애버렸다. 결국 1934년 네 번째이자 마지막으로 파산한 뒤 리버모어는 시장과 관련된 뉴스에서 점차 사라져 갔다.

4

리버모어의 실패 원인은 어디에서 찾아야 할까? 굳이 한마디로 이야기하자면 허영심이었다. 그는 시장을 이기고 싶어했다. 그러나 시장을 계속해서 이길 수 없다는 사실 역시 잘 알았다. 그래서 한번 이길 때 큰돈을 벌기 위해 한껏 내질렀다. 기회를 잡으면 자신이 가진 것 전부를 판돈으로 거는 식이었다. 그러다 보니 자신도

의식하지 못한 과도한 레버리지에 발목이 잡혀버렸던 것이다.

그는 맨 처음 버킷샵에서 거래하기 시작했다. 당시 버킷샵에서는 증거금이 1달러였다. 액면가가 100달러 하던 시절 1달러는 거래대금의 1% 수준에 불과했다. 나중에 진출한 뉴욕증권거래소 소속 증권회사들은 최소한 10%의 증거금을 받았다. 버킷샵보다는 증거금 비중이 높았지만 이것도 상당히 큰 레버리지였다. 자기가 가진 돈의 10배까지 매수하거나 공매도할 수 있다 보니 자칫 판단이 틀렸을 경우 큰 상처를 입을 수밖에 없었다.

물론 과도한 레버리지 덕분에 리버모어가 젊은 나이에 수백만 달러의 수익을 올릴 수 있었고, 파산한 뒤에도 몇 차례나 오뚝이처럼 재기할 수 있었던 것 역시 사실이다. 그러나 시장에는 늘 예기치 못한 일이 벌어진다. 대표적인 사례가 《제시 리버모어의 회상》에도 나오는 1918년의 커피 가격 상한선 조치. 이런 일이 벌어지면 자칫 재기 불능의 치명적인 상처를 입을 수 있는 것이다.

과도한 레버리지 못지 않은 리버모어의 아킬레스건은 방탕할 정도의 사치스러운 생활과 가정 불화, 여성 편력이었다. 그는 이렇게 말했다. "나 역시 대부분의 사내들처럼 그렇게 한 것이다. 아니, 내가 꼭 돈을 쉽게 번 사람들처럼 행동했다는 게 아니라, 축재(蓄財) 본능의 노예가 되기를 거부한 모든 사람들처럼 행동했다는 의미다. 러셀 세이지 같은 사람들은 돈을 벌고 돈을 쌓아두는 본능이 모두 아주 잘 발달돼 있어 넌더리가 날 정도로 엄청난 재산을 남겨놓고 죽는다."

그렇다 해도 그는 너무 쉽게 돈을 벌었고, 이렇게 쉽게 번 돈은 너무 쉽게 나갔다. 방 12개짜리 호화 주택도 모자라 맨해튼에 고가의 맨션 아파트를 마련했고, 여름 별장과 겨울 별장을 따로 갖고 있었는가 하면, 두 척의 고급 요트는 J.P. 모건이 소유한 요트 다음으로 큰 것이었다. 게다가 각기 다른 전용 운전사가 딸린 여러 대의 롤스로이스 자가용을 굴렸고, 팜비치의 휴양지를 오갈 때 이용할 수 있는 전용 열차까지 소유했다. 그와 결혼한 세 명의 부인은 매일같이 파티를 열었고, 집안을 사치품으로 치장하는 데 시간을 보냈다.

리버모어 자신도 여배우를 비롯한 미모의 여성과 끊임없이 염문을 뿌리고 다녔고, 그의 여성 편력은 나이가 들수록 오히려 더 심해졌다. 그러다 보니 가정 불화도 잦았고, 결혼 생활은 늘 파탄으로 이어졌다. 어린 나이에 집을 떠나와 혼자서 힘겹게 생존해야 했던 리버모어는 젊은 시절부터 이런 식의 사치와 방종한 삶에서 위안을 찾은 것인지도 모른다. 하지만 무절제한 생활이 이어지다 보니 1930년대 들어 그는 정신적으로 불안정한 상태에 빠져들게 됐고, 냉정한 판단을 내릴 수 없게 된 것이다.

그런 점에서 보자면 1933년 증권거래법을 비롯한 금융시장 규제 강화 조치에 재빨리 적응해야 했다든가, 플로리다 부동산 붐에 투자한 것처럼 비전문적인 사업에 뛰어들었다가 돈을 날린 것 따위는 부차적인 실패 원인에 불과하다고 할 수 있다. 성공하기 위해서는 실력도 있어야 하고, 냉정한 판단도 내릴 수 있어야 하고, 운도 따라줘야 한다. 하지만 자기 내부에 도사리고 있는 허영심을 절제하지 못하면 어떤 성공도 붙잡을 수 없다.

5

리버모어는 결국 1940년 11월 28일 뉴욕시 5번가에 있는 셰리 네덜란드 호텔의 휴대품 보관소에서 32구경 권총으로 자신의 머리를 쏴 스스로 목숨을 끊었다. 그가 아내에게 남긴 유서에는 이런 구절이 들어있었다. "더 이상 견딜 수가 없어. 이게 유일한 탈출구야. 나는 실패자야." 그는 왜 자신을 실패자라고 이야기했을까?

 방아쇠를 당기는 순간 그의 뇌리에는 무슨 생각이 떠올랐을까? 1930년대 내내 그는 두 명의 전처와 온갖 채권자들이 제기하는 소송에 시달리며, 우울증은 갈수록 악화됐고 알코올 의존증은 더욱 심각해졌다. 대중들은 그를 주가 폭락의 원흉이라며 계속 비난해댔고, 사랑했던 큰아들은 술에 취한 생모가 쏜 총에 맞아 1년 이상 사경을 헤맸다. 협박에 시달리며 더 이상 투기에 집중할 수 없어 혼자서 밤새 술을 마시고서 27시간 동안 실종자가 돼 보기도 했다.

 탄환이 불꽃을 튀기며 그의 관자놀이를 때리는 그 순간만큼은 리버모어 자신도 홀가분하지 않았을까? 한때 길이 90미터가 넘는 멋진 요트를 타고 카리브해를 누비며 참치 낚시를 즐겼던 그 감미로웠던 기억들이 한꺼번에 되살아나지 않았을까? 혹시 제발 보통 사람들처럼 정식 사업을 해보라고 했던 어머니의 말씀이 떠오르지는 않았을까?

《제시 리버모어의 회상》이 맨 처음 〈새터데이 이브닝 포스트〉에 연재됐을 당시 마지막 회분 가운데는 리버모어보다 앞서 살다간 전설적인 트레이더들을 회상하는 내용이 들어있었다.

미국 주식시장 최초의 큰손 투기자로 "월스트리트의 제왕" 칭호까지 들었던 제이콥 바커는 남북전쟁 이전 변호사이자 정치인, 은행가, 기업가로 엄청난 성공을 거두며 몇 차례나 백만장자 거부가 됐지만 결국 90대 나이에 파산해 빈털터리로 생을 마감했다.

월스트리트 최초의 전업 트레이더였던 제이콥 리틀은 여덟 번이나 파산했지만 그때마다 재기에 성공했고, 한때 미국 최고의 부호 소리까지 들었다. 그러나 1857년 공황 때 아홉 번째로 파산한 뒤에는 끝내 재기하지 못했고, 말년에는 고작 5주를 거래하다가 "가난하게 죽는군!"이라는 말을 마지막으로 숨을 거뒀다.

1857년 공황 때 제이콥 리틀을 무너뜨렸던 앤소니 모스 역시 한때 월스트리트의 제왕으로 군림했지만 1864년 파산한 뒤 알거지가 돼 브로드웨이를 전전하다 싸구려 하숙집에서 비참한 최후를 맞았다. 그가 죽자 하숙집 여주인이 몇 달러 밖에 안 되는 밀린 하숙비를 받기 전까지는 그의 주검을 내줄 수 없다고 버티는 바람에 장례가 늦어지기도 했다.

에드윈 르페브르는 왜 리버모어를 주인공으로 연재한 글에서 비극적으로 생을 마감한 투기자 세 명의 예를 들었을까? 리버모어도 앞서간 전설의 선배들처럼 그런 최후를 맞이할 것이라고 미리 내다 본 것일까? 르페브르가 인터뷰할 당시 리버모어는 최고의 전성기를 구가하고 있을 때였는데도 말이다.

당대 최고의 트레이더들은 한결같이 냉정한 승부사로 등장해 대성공을 거두고 큰돈을 번다. 시장을 뒤흔들며 유명해지고 더 큰돈을 벌다가 어느 순간 파산하고 무대에서 사라져 버린다. 사람들은 그가 왜 파산했는지 알려고 하지 않는다. 이미 그때는 그의 이름조차 잊어버린 채 새로운 승부사를 환호한다.

리버모어가 던져주는 교훈은 무엇일까? 냉정하게 승부하라는 것, 아니면 탐욕에 상처받지 말라는 것? 아마도 월스트리트에 새로운 것은 없다는 것 아닐까? "그럴 수밖에 없다. 투기라는 게 아주 오래 전부터 존재했으니 말이다. 오늘 주식시장에서 무슨 일이 벌어지든 이전에 똑같은 일이 일어났던 적이 있으며 앞으로 또 다시 되풀이될 것이다."

더 이상 무슨 교훈이 필요하겠는가?

제시 리버모어 연보

이 책《주식 투자의 기술》과《제시 리버모어의 회상》을 제대로 이해하기 위해서는 제시 리버모어가 지나온 삶의 주요 여정과 함께 당시의 금융시장 상황 및 경제적 사건들을 돌아봐야 한다. 제시 리버모어의 투자 철학과 투기자로서의 원칙은 이런 주변 여건들과 맞부딪치면서, 또 이를 극복해나가면서 정립된 것이기 때문이다. 그런 점에서 옮긴이가 비교적 상세히 기록한 제시 리버모어 연보는 독자들이《주식 투자의 기술》과《제시 리버모어의 회상》을 읽는 데 적지 않은 도움이 될 것이라고 믿는다.(연보에 인용된 리버모어 본인의 설명과 그 출처를 밝힌 쪽수는《제시 리버모어의 회상》과《주식 투자의 기술》한국어판에 따른 것이다.)

1877년(출생) 7월 26일 매사추세츠 주 슈루즈버리에서 제시 리버모어 태어나다.
뉴잉글랜드의 척박한 땅에서 농사를 짓던 아버지 하이렘 리버모어는 리버모어가 갓 태어났을 무렵 땅을 잃고 가족과 함께 장인이 있던 팍스톤으로 이주했다. 여기서 농사를 지으며 약간의 돈을 모은 하이렘은 사우스 액톤에 농지를 마련했고, 리버모어는 이곳에서 어린 시절을 보냈다. 아버지 하이렘은 근면했지만 엄격하고 말수가 적은 성격이었던 반면 어머니 로라는 너그럽고 따뜻한 마음씨였다. 리버모어는 어려서부터 마른 체격에 허약한 편이었지만, 아버지를 도와 밭에서 자갈을 골라내는 고된 일을 해야 했다.

1884년(7세) 7월 3일 다우존스 평균주가가 처음으로 발표됐다. 〈월스트리트 저널〉의 전신인 〈애프터눈 뉴스레터〉를 통해 세상에 첫선을 보인 다우존스 평균주가에는 철도주 9개와 산업주 2개가 편입됐는데, 당시 뉴욕증권거래소(NYSE)의 하루 평균 거래량은 25만 주 수준이었다.

1891년(14세) 초등학교를 마치다. 아버지는 자신을 도와 농사일을 하도록 했으나, 호기심 많은 리버모어는 넓은 세상을 보기 위해 집을 떠나기로 결심했다. 어머니는 그가 자라도 한동안은 계속 더 입을 수 있도록 큼지막한 양복 한 벌을 해주고, 5달러를 마련해 아버지 몰래 마차를 타고 떠날 수 있게 했다. 마차를 타고 보스턴에 도착한 리버모어는 마침 마차 정거장 바로 앞에 있던 페인 웨버(Paine Weber & Co.) 증권중개회사의 시세판 담당 사환 자리를 얻어 여기서 일하기 시작한다.

1892년(15세) 친구와 함께 처음으로 거래한 벌링턴 주식에서 3.12달러를 벌다. "첫 거래의 기억은 절대 잊혀지지 않을 것이다. 그때 친구와 함께 시카고, 벌링턴 앤 퀸시 레일웨이 주식을 다섯 주 매수했는데, 이 가운데 절반이 내 몫이었고, 여기서 내가 거둔 이익은 3.12달러였다. 그 이후 나는 독자적인 투기자가 된 것이다." (《주식 투자의 기술》 p. 43)

리버모어는 버킷샵에서 주식과 상품선물을 거래해 1000달러를 모으는 데 성공한다. "열다섯 살 때 처음으로 1000달러를 벌어 어머니 앞에 현금을 내밀었다. 어머니는 섬뜩한 표정을 지었다. 열다섯 살짜리가 이렇게 큰 돈을, 그것도 빈손으로 시작해 벌었다는 얘기는 아직 들어본 적이 없다는 게 어머니의 말이었다. 어머니는 늘 그 돈에 대해 걱정했고 불안해했다." (《제시 리버모어의 회상》 p. 21)

1893년(16세) 페인 웨버 측에서 리버모어에게 버킷샵에서 벌이는 투기 행위를 중단하든가 직장을 그만두라고 경고하다. 리버모어는 버킷샵에서 버는 돈이 시세판 사환으로 일하고 받는 돈(주급 6달러)보다 훨씬 많았기 때문에 직장을 그만두는 길을 택한다.

1896년(19세) 5월 26일 다우존스 산업 평균주가가 처음으로 발표됐다. 여기에는 뉴욕증권거래소에서 거래되는 산업주 12개가 편입됐는데, 당시 NYSE에 상장된 산업주는 이게 전부였고, 나머지 상장 종목은 철도주 53개, 유틸리티주 6개였다. 이날 다우존스 산업 평균주가는 40.94였으며, 두 달 뒤인 8월 8일에 기록한 28.48이 역사상 최저치로 남아있다.

이해 7월에 열린 민주당 전당대회에서 윌리엄 제닝스 브라이언이 미국 역사상 주요 정당의 최연소 대통령 후보(36세)로 지명되면서 브라이언 패닉이 발생하다. 브라이언은 금본위제에 맞선 은화의 자유 주조를 내걸었는데, 8월 중순에 이르자 주가는 10여 년 만의 최저치까지 추락했고 상품가격도 폭락했으며, 이 여파로 소비 수요 감소와 산업 생산 위축까지 초래됐다. 브라이언 패닉은 공화당의 윌리엄 맥킨리 후보가 대통령에 당선된 11월까지 이어졌다.

1897년(20세) 버컷샵에서 투기에 전념한 결과 1만 달러를 손에 쥐는 데 성공하다. "고작 스무 살 나이에 나는 생애 처음으로 1만 달러의 현금을 벌어두었던 것이다. 어머니는 1만 달러를 현금으로 가진 사람은 그 대단한 존 D. 밖에 없을 것이라고 생각했다. 어머니는 나에게 제발 그만 만족하고 보통사람들이 하는 정식 사업을 해보라고 말하곤 했다."(《제시 리버모어의 회상》 p. 28)

1898년(21세) 뉴욕증권거래소의 정식 회원사로 있는 증권회사에서 거래하기 위해 뉴욕으로 향하다. 이때 가지고 간 돈은 앞서 번 1만 달러보다 많이 줄어든 2500달러로, 리버모어는 자신도 항상 돈을 따지는 못했다고 고백했다. "경험이라는 빛을 통해 주가 테이프를 읽었을 때는 항상 돈을 벌었다. 그러나 정말 바보짓을 했을 때는 돈을 날려야 했다."(《제시 리버모어의 회상》 p. 35)

1899년(22세) 뉴욕증권거래소 소속 증권회사에서 거래를 시작한 지 6개월 만에 가진 돈을 전부 날리고 약간의 빚까지 지게 된다. 리버모어는 빌린 돈 500달러로 세인트루이스의 버킷샵에서 거래해 2500달러로 만든다. 이 돈을 갖고 다시 뉴욕으로 돌아와 빌린 돈 500달러와 빚을 갚고, 정식 증권회사에서 거래를 재개한다. 리버모어는 잠시 뉴저지 주에 있는 버킷샵에 가서 일종의 앙갚음으로 돈을 벌기도 한다.

1900년(23세) 10월 보스턴에서 인디애나폴리스 출신의 네티 조던과 결혼식을 올리다. 리버모어는 부인 네티 덕분에 처음으로 신문 지상에 이름을 올리는데, 유럽 여행을 다녀오는 길에 그녀의 핸드백에서 1만2000달러 상당의 보석이 발견돼 세관에 압수당하자, 신문에서 그를 월스트리트의 큰손 투기자로 다룬 것이었다. 리버모어는 결국 하루 뒤 7200달러의 세금을 물고 아내의 보석을 찾아와야 했다. 네티와의 관계는 1908년 면화시장에서 큰 손실을 본 뒤 급격히 악화돼 그 이후 이혼하기까지 오랫동안 별거에 들어갔다. 리버모어는 결혼 생활 중에도 늘 미모의 젊은 여배우들을 쫓아다녔는데, 절세의 미인으로 다이아몬드 짐 브래디의 연인이기도 했던 당대의 여배우 릴리안 러셀과의 염문설이 나돌기도 했다.

이해 11월 맥킨리 대통령 재선을 계기로 유럽 자금이 다시 쏟아져 들어오면서 주식시장은 활기를 되찾아 12월 27일에는 다우존스 산업 평균주가가 여름에 기록했던 저점으로부터 34% 상승한 71.04

를 기록했다. 이 같은 활황세는 1901년까지 이어져 뉴욕증권거래소의 하루 거래량이 처음으로 200만 주를 넘어섰다.

1901년(24세) 5월 9일 노던 퍼시픽 주식 매집을 둘러싼 패닉이 주식시장을 강타하다. 이날 패닉은 금융시장의 양대 세력인 E.H. 해리먼과 J.P. 모건이 노던 퍼시픽 보통주를 경쟁적으로 매집하는 바람에 야기된 것인데, 노던 퍼시픽 보통주 주가가 160달러에서 한때 1000달러까지 치솟기도 했다.

패닉이 덮친 5월 9일 주식시장 개장 전까지 리버모어의 재산은 현금으로만 5만 달러에 달했으나, 하루종일 정신 나간 듯 황당하게 트레이딩 한 끝에 한 푼도 남김없이 전부 날렸다. "모든 일이 내가 예상했던 대로 벌어졌다. 나는 완벽하게 맞췄다. 그리고 내가 가진 돈을 한 푼도 남김없이 전부 날렸다! 나는 실제 시장 체결가보다 한참 늦은 주가를 전해주는 티커에게 당했던 것이다."(《제시 리버모어의 회상》 p. 64~65)

버킷샵에서 거래하기를 거부하는 바람에 버커티어 사냥에 나서다. 리버모어의 목표는 이번에도 뉴욕증권거래소 정식 회원사에서 다시 거래할 판돈을 마련하는 것이었다. 버커티어에서는 거래량이 많지 않은 종목을 골라 주가를 고의적으로 급등락시키는 방법으로 돈을 벌었다. 리버모어 자신의 표현대로 하자면 "사기꾼들을 응징한" 것이다.

이해 9월 14일 맥킨리 대통령이 암살당하다. 부통령이던 시어도어

루즈벨트는 대통령직을 승계한 뒤 부의 과도한 집중에 대한 대중들의 비난을 반영, 독점 대기업의 해체 작업에 나선다.

1902년(25세) 1년간 버커티어를 상대로 성공적인 트레이딩을 한 끝에 상당한 금액의 판돈을 모으다. 리버모어는 자동차도 구입하고 다시 사치스러운 생활에 빠져들었다. 어쨌든 이로써 버킷샵과 버커티어 사냥에는 종지부를 찍고, 리버모어는 다시 뉴욕에 복귀한 것이다. "이렇게 해서 나는 월스트리트로 돌아왔다. 이번이 세 번째 도전이었다."(《제시 리버모어의 회상》 p. 89)

미국 최초의 대량 생산 자동차인 올스모빌의 커브드 대쉬(Curved Dash) 모델이 대당 650달러의 가격표를 달고 첫 선을 보였다. 6년 뒤인 1908년에는 자동차 대중화의 기폭제가 된 포드의 모델-T가 나오면서 자동차 산업이 주식시장의 주도 업종으로 부상한다.

1903년(26세) 뉴욕증권거래소가 현재의 위치인 브로드 스트리트 18번지로 이전하다.

1905년(28세) 버킷샵을 사실상 불법화하는 판결이 내려지다. 대법원은 그동안 정식 증권거래소 및 상품거래소에서 체결된 가격을 무단으로 활용해 영업해온 버킷샵의 행위를 금지하는 판결을 내렸다. 이로써 버킷샵은 급격히 사양길로 접어든다.

1906년(29세) 4월 18일 새벽 샌프란시스코 대지진이 발생하다. 진도 8.3의 지진이 42초간 계속되며 약 1000명의 사망자가 발생하고 5억 달러의 재산피해가 났다.

애틀랜틱 시티에서 휴가를 보내던 리버모어는 대지진 전날 일종의 직감으로 유니언 퍼시픽 주식을 공매도해 25만 달러의 수익을 올렸다. "월스트리트에서는 지진이 발생한 뒤 하루 이틀은 아무런 관심도 기울이지 않았다. 사람들은 맨 처음 속보가 그렇게 급박하지 않았기 때문이라고 말하겠지만, 나는 다르게 생각한다. 주식시장을 바라보는 대중들의 시각이 바뀌는 데는 오랜 시간이 걸리기 때문이다. 프로 트레이더들조차 대부분 느리게 반응했고 앞을 내다볼 줄 몰랐다."(《제시 리버모어의 회상》 p. 119~120)

그러나 이해 여름 역시 휴가 차 머물던 사라토가 스프링스에서 유니언 퍼시픽 주식을 매수했다가 마침 거래하던 증권회사 사장이 전해준 비밀정보에 따라 공매도 포지션으로 돌아서는 바람에 4만 달러의 손실을 입는다. 리버모어는 다행히 곧바로 매수 포지션을 취해 손실을 전부 만회하고 1만5000달러의 수익을 남겼다.

이해 1월 12일 다우존스 산업 평균주가가 100.25를 기록하며 사상 처음으로 100포인트를 돌파했다.

1907년(30세) 10월 24일 패닉이 월스트리트를 강타하다. 리버모어는 패닉이 발생하기 전 대규모 공매도 포지션을 취해둠으로써 처음으로 100만 달러 이상을 벌다. 당시 미국 최대의 은행가였던 J.P.

모건이 리버모어에게 주식 매도를 자제해줄 것을 요청했을 정도로 막강한 영향력을 행사해, 리버모어 자신도 이날을 "생애 최고의 날"이라고 회상할 정도였다. "나를 그토록 좌절하게 만들었던 바로 그 주식시장이 어느날 갑자기 고분고분 내 말을 듣는 것 같은 그런 느낌이었다. 나는 이런 날이 꼭 오리라고 느꼈다. 그리고 그 날이 왔다. 1907년 10월 24일이 그날이었다."(《제시 리버모어의 회상》 p. 177)

리버모어는 곧이어 면화시장이 강세를 보일 것이라고 예상하고 몇 차례나 면화선물을 대규모로 사들여 매수 포지션을 취했으나 너무 성급한 매수 진입으로 인해 20만 달러를 날리다. 면화시장은 리버모어가 손을 떼자 그 직후부터 본격적으로 상승한다. "면화 티커를 치워버리고 면화시장에 대한 관심도 완전히 꺼버린 지 불과 이틀 만에 시장은 상승하기 시작했다. 면화 가격은 그 후 쉬지 않고 올라 곧장 500포인트나 상승했다."(《주식 투자의 기술》 p. 68)

이해 10월 리버모어는 처음으로 요트를 한 척 구입했다. 리버모어는 한창 잘 나가던 무렵 두 척의 요트를 소유했는데, 길이 310피트짜리 베네티아(Venetia)와 202피트짜리 애니타(Anita)로 당시 J.P. 모건 다음으로 큰 개인 요트를 가졌다고 알려졌다. 베네티아는 580톤급으로 8명의 선원과 3명의 엔지니어, 2명의 석탄 운반수 등 모두 19명의 승무원이 필요했고, 요트 안에는 8개의 선실과 4개의 욕실 외에 흡연실과 식당, 식품저장실을 따로 갖추었을 정도로 호화 요트였다. 리버모어는 면화선물 거래에서 큰 손실을 입은 뒤 1910년에 베네티아를 매각했는데, 이 요트는 1917년 미국 해군에 의해 징발당해 제1차 세계대전 당시 대 잠수함 초계정으로 쓰이기도 했다.

1908년(31세) 5~6월 사이 면화시장의 강세를 예상하고 7월물 면화선물을 매수하다. 뉴욕에서 발행되는 신문〈월드〉에서 리버모어의 면화선물 매집 사실을 보도한 데 힘입어 이 거래에서 대성공을 거두었다.

그러나 곧이어 면화업계의 전설적인 인물인 시어도어 프라이스의 설득에 넘어가 면화선물을 대규모로 매수했다가 수백만 달러의 손실을 입는다. 리버모어는 이때 이익을 보고 있던 밀선물을 처분하고 손해를 보고 있던 면화선물을 추가 매수함으로써 자신의 원칙을 어겼다. "내가 어떻게 매일같이 면화 선물을 매수하고 또 매수했는지 지금도 아주 생생하게 기억한다. 도대체 내가 왜 그걸 샀다고 생각하는가? 가격이 떨어지는 것을 막기 위해서였다! 이게 정말 호구 중에 호구가 하는 짓이 아니라면 무엇이란 말인가? 나는 단지 점점 더 많은 돈, 결과적으로 다 날려버릴 돈을 계속 걸고 있었던 것이다."(《제시 리버모어의 회상》 p. 235)

면화선물 거래에서 큰 손실을 본 뒤 남은 돈마저 주식시장에서 무리하게 수익을 챙기려다 다 날리고 또 다시 파산하다. 채무자 신세로 전락한 리버모어는 뉴욕을 떠나 시카고에서 상품거래를 시작한다. 하지만 한 증권회사 사장의 권유로 뉴욕으로 돌아온다. 리버모어는 이 증권회사 사장이 빌려준 2만5000달러로 주식시장에서 3주

만에 11만2000달러의 수익을 올렸으나, 결국 그의 명의를 이 증권회사 사장에게 "연막작전" 용으로 빌려주는 바람에 1908~1909년까지 이어진 대강세장의 기회를 놓쳤다. "주식 투기자로서 온갖 일을 다 당해봤지만 이때의 경험은 그 중에서도 가장 안타깝고 참 인상 깊었던 경우로 늘 뇌리 속에 남아있다. 나는 교훈을 얻었지만 그 대가는 도저히 비교할 수 없을 정도로 값비쌌다."(《제시 리버모어의 회상》 p. 259)

1913년(36세) 국가적인 은행 산업의 안정을 위해 연방준비제도가 도입돼 신용 통제 및 금리 결정 기구로 연방준비제도이사회(FRB)가 설립된다.

1914년(37세) 주식시장은 1910년부터 지지부진한 상태를 이어갔고, 리버모어는 한 푼도 벌지 못한 채 100만 달러 이상의 부채를 지게 된다. 설상가상으로 제1차 세계대전이 발발하자 뉴욕증권거래소는 유럽 투자자들의 무차별적인 주식 매도와 이로 인한 주가 급락을 막기 위해 이해 7월 31일부터 12월 11일까지 폐장하는 등 월스트리트가 4개월 이상 개점휴업 상태에 들어갔다. 12월 12일 뉴욕증권거래소가 다시 문을 열자 다우존스 산업 평균주가는 30.7%나 폭락해 1907년 패닉 이래 가장 낮은 수준으로 떨어졌다.

1915년(38세) 2월 17일 파산을 선언하다. "1907년 패닉 당시 엄청난 수익을 올렸고, 그로부터 몇 달 뒤에는 면화시장에서 끔찍한 손실을 입기도 하며 월스트리트에서 이름난 큰손으로 군림했던 제시 리버모어가 어제 연방지방법원에 파산신청을 냈다. 그가 밝힌 부채 규모는 10만2474달러였으나, 그가 보유한 자산 가치는 알려지지 않았다."(1908년 2월 18일자 〈뉴욕타임스〉 "면화 왕 파산(Cotton 'King' a Bankrupt)"이라는 제목의 기사 가운데)

이해 6월 리버모어의 파산신청이 받아들여져 채무가 면제됐는데, 채무 면제에 반대한 채권자는 한 명도 없었다.

파산신청을 한 뒤 리버모어는 마지막 기회를 노리며 2월 중순부터 시장을 지켜본 끝에 마침내 4월 8일 베들레헴 스틸 주식 500주를 매수해 재기의 발판을 마련하다.(상세한 경위는 《제시 리버모어의 회상》 제14장과 《주식 투자의 기술》 제5장에 소개돼 있다.) "정확한 시점이 오기를 기다리며 참고 참았던 6주의 기간은 지금까지 내가 겪었던 가장 피곤했던 6주인 동시에 그야말로 비상한 노력을 요구했던 6주였다. 하지만 거기에는 보상이 따랐다."(《제시 리버모어의 회상》 p. 270)

1915년 주식시장은 그야말로 초강세장이었다. 12월 말 다우존스 산업 평균주가는 99.15로 마감해 전년도 말보다 82%나 상승했다. 이해 말까지 리버모어는 거래 증권회사 계좌에 약 14만 달러의 잔고를 남겨두었다.

1916년(39세) 1915년에 이어 초강세장이 계속됐다. 다우존스 산업 평균주가는 이해 초반 다소 조정을 받기도 했으나 상승세를 지속하며 11월 21일 110.15로 사장 최고치를 기록한 뒤 하락세로 돌아서 결국 95.00으로 마감했다. 리버모어는 "강세장이 지속되는 동안에는 강세 시각을 유지했고, 약세장이 시작되면 약세 시각을 가졌던 덕분에" 1916년 한 해 동안 300만 달러를 벌었다.

1917년(40세) 부채를 모두 정리하다. 리버모어는 앞서 파산 선고로 더 이상 갚지 않아도 됐던 100만 달러가 넘는 빚을 이자까지 다 갚으려 했으나 채무를 탕감해준 채권자들 모두가 이자 수령을 거절해 원금만 상환했다. "나로서는 빚을 갚는 게 무척이나 즐거운 일이었다. 이보다 몇 달 앞서 빚을 갚을 수도 있었지만, 그렇게 하지 않은 건 아주 단순한 이유 때문이었다. 나는 빚을 조금씩 갚아나가거나 한 명씩 한 명씩 갚는 게 아니라 한 번에 싹 다 갚고 싶었다. 그래서 시장이 나에게 최선을 다해주는 동안 내가 가진 돈이 허용하는 최대 규모로 계속 트레이딩을 해나갔던 것이다."(《제시 리버모어의 회상》 p. 280~281)

이해 2월 리버모어는 부인에게 12만 달러짜리 에머랄드 반지를 사주고, 스스로 "대잠 초계정"이라고 명명한 고속 요트를 새로 구입했다. 또 이 무렵 뉴욕 주의 손꼽히는 여름 휴양지인 애디론댁 마운틴에 있는 호화 별장을 사들였다. 1920년대 전성기 무렵에는 맨해튼 76번가의 방 12개짜리 고급 주택에 거주하면서 팜비치에도 겨울 별장을 마련했고, 개인 전용 열차와 두 척의 요트, 여러 대의 롤스로이스 자가용을 보유했다. 주택과 별장을 관리한 인력만 20

여 명에 달했고, 리버모어 부인은 날이면 날마다 쇼핑하는 게 일과였다.

1918년(41세) 커피시장의 강세를 내다보고 전년도 겨울부터 대규모로 커피선물을 매수하다. 1년 이상 커피 선물에 투자한 끝에 마침내 큰 수익을 거두려는 순간 전시산업국 산하 물가통제위원회에서 커피 가격의 상한선을 정하고, 커피 선물계약의 정리매매 시한까지 강제하는 바람에 큰 손실을 입고 물러난다. "투기 거래에서는 어떤 것도 100% 확신할 수 없다. 지금까지 이야기한 경험은 내 투기 위험 리스트의 '예기치 못한 것들' 항목에 예상할 수 없는 것으로 추가됐다."(《제시 리버모어의 회상》 p. 292)

11월 첫 번째 부인 네티 조던과 결혼 18년 만에 이혼하다. 12월 2일 도로시 폭스와 결혼하다. 카바레 가수 출신인 도로시는 당시 23세였다. 도로시와의 사이에는 두 아들 제시 주니어(1919년)와 폴(1921년)이 태어났다. 도로시와의 결혼 직후 가족을 위해 80만 달러의 연금 신탁에 가입하고, 아들이 태어났을 때도 상당한 금액을 신탁해두었다. 이때 신탁해둔 덕분에 리버모어가 1934년 마지막으로 파산한 뒤에도 가족 앞으로 매년 5만 달러의 연금이 나왔다.

1922년(45세) 에드윈 르페브르와 인터뷰를 시작하다. 이때의 인터뷰는 이해 6월 10일부터 다음해 5월 26일까지 12회에 걸쳐 〈새터데이 이브닝 포스트〉에 연재됐고, 르페브르는 이를 1인칭 소설 형식으로 각색한《제시 리버모어의 회상》을 1923년 6월 출간했다. 주식을 보유한 미국인 수가 1440만 명으로 1900년에 비해 3배 이상 늘어난 것으로 집계돼 1920년대의 초강세장을 예고하다.

1923년(46세) 월스트리트로부터 멀리 떨어진 5번가 745번지에 있는 스큅 빌딩 18층에 개인사무실을 만들어 여기서 거래하기 시작하다. 센트럴파크가 훤히 내려다 보이는 이곳 빌딩에는 리버모어만 쓸 수 있는 고속 엘리베이터가 있었고, 개인사무실의 벽면 세 곳에는 따로따로 설치한 시세판에 주가와 상품 가격을 적는 직원과 사설 경비원을 포함해 모두 7명이 일했다.

이해 초 테네시 주에 기반을 둔 슈퍼마켓 체인점 피글리 위글리 주식의 시세조종을 맡아 40달러 하던 주가를 120달러까지 끌어올린다. 그러나 리버모어에게 시세조종을 부탁했던 피글리 위글리의 창업자 클레어런스 손더스가 공매도 투기자들을 응징하려고 욕심을 부리는 바람에 뉴욕증권거래소가 이 주식의 거래를 일시 정지시켰다. 결국 손더스는 과다한 차입으로 인해 파산했고, 리버모어 역시 작전 세력의 일원이라는 오명을 뒤집어썼다. 이 사건이 빌미가 돼 리버모어는 이해 말 주식시장에서의 시세조종과 작전 세력에게서 수수료를 받은 혐의로 상원 위원회에 소환돼 증언했다.

1924년(47세) 이해 여름 밀시장의 강세를 내다보고 밀 선물 1000만 부셸을 매수했으나 성급하게 매도해 부셸 당 25센트의 이익밖에 올리지 못하다. "그때서야 비로소 내가 정말 어처구니없는 실수를 저질렀음을 깨달았다. 대체 무슨 이유로, 그 이전까지 한 번도 손에 쥐어본 적이 없는 얼마의 수익을 잃을까봐 두려워했던 것일까? 나는 평가이익을 실현해 현금화하는 데만 온통 정신이 팔려 있었다."(《주식 투자의 기술》p. 77) 리버모어는 그러나 곧바로 시장에 재진입하기로 하고 앞서 매도한 가격보다 부셸 당 25센트나 높은 가격에 500만 부셸을 매수해 다음해 초 큰 수익을 남기고 매도했다.

1925년(48세) 이해 3월 이후 밀시장이 약세로 돌아선 것을 호밀시장을 통해 미리 간파하고 밀선물 1500만 부셸을 매도해 300만 달러가 넘는 수익을 거두다.(자세한 경위는 《주식 투자의 기술》 제7장에 소개돼 있다.)

1926년(49세) 약세 투기자로 월스트리트는 물론 일반 대중들에게까지 널리 알려지다. 이로 인해 주식시장이 급락하면 그의 매도 공세 때문이라는 루머가 빠지지 않고 돌았다. "월스트리트에서는 어제 제시 리버모어가 다시 한번 주식 매도 공세에 나서고 있으며 일부 종목의 약세는 그의 매도에 따른 것이라는 이야기가 퍼졌다. 리버모어는 자신이 시장에서 무슨 일을 벌이고 있는지 말하지 않는다는 점에서 이 이야기의 진위 여부는 판가름할 수 없다. 하지만 '리버모어가 팔고 있다'는 말은 월스트리트가 하락의 원인을 구하는 데 아주 편리한 구실이다."(1926년 2월 16일자 〈뉴욕타임스〉 "리버모어가 매

도한 것으로 알려졌다(Livermore Reported Selling)"라는 제목의 기사 가운데)

1927년(50세) 5월 29일 새벽 일명 "보스턴 빌리" 갱단이 리버모어의 집에 침입, 10만 달러가 넘는 도로시의 보석을 강탈해가는 사건이 발생하다. 신변 위협을 느낀 리버모어는 이때부터 전직 경찰 프랭크 고어맨을 개인경호원으로 고용해 자신과 가족을 보호한다.
10월 27일 뉴욕시 5번가 825번지에 있는 새로운 아파트를 구입하다. 도로시와 그녀의 어머니는 늘 그랬던 것처럼 새 아파트를 사치스럽게 꾸미는 데서 만족을 얻었다.

1929년(52세) 이해 초반까지 강세 시각을 갖고 있던 리버모어는 여름을 고비로 약세 시각으로 돌아서 주식시장에 상장된 주요 종목들을 상대로 대대적인 공매도 공세를 펼친다. 10월 말 주가 대폭락을 계기로 리버모어는 1억 달러가 넘는 수익을 올렸다.
다우존스 산업 평균주가는 이해 9월 3일 381.17로 사상 최고치를 기록하며 마침내 천정을 쳤다. 10월 28일 다우 평균주가는 전날보다 38.33포인트(12.8%) 폭락한 260.64로 마감해 주식시장 붕괴를 알렸고, 다음날인 10월 29일에도 30.57포인트(11.7%) 급락해 이틀 동안 24.5%나 폭락했다.

1930년(53세) 주가 대폭락의 원흉으로 꼽히며 그를 향한 비난과 협박이 쏟아지면서 우울증 증세를 보이기 시작하다. 이와 동시에 도로시의 음주가 도를 지나치고, 그녀의 어머니까지 집안의 한 개 층을 차지하면서 리버모어와 자주 마찰을 빚는다. 리버모어는 여전히 미모의 여성을 밝혔고, 여인들은 그의 두둑한 지갑과 세련된 외모에 이끌렸다.

1932년(55세) 7월 8일 다우존스 산업 평균주가는 전날보다 0.59포인트 하락한 41.22를 기록해 1929년 9월 3일의 사상 최고치에 비해 89.19%나 떨어졌다. 이날 주가는 1930년대 대공황 시기를 통틀어 최저치였지만 바닥을 탈출하기까지는 상당한 세월이 더 흘러야 했다.
9월 16일 두 번째 부인 도로시와 결혼 14년 만에 이혼하다. 도로시는 리버모어와 이혼한 지 20분 만에 같은 장소에서 다른 남성과 결혼했다.

1933년(56세) 3월 28일 오마하 출신의 해리엇 메츠 노블과 결혼하다. 해리엇은 당시 38세로 이번이 다섯 번째 결혼이었는데, 그와 이전에 결혼했던 남성 4명은 모두 자살로 생을 마감했다. 두 사람은 신혼여행은 생략하고 센트럴 파크 건너편 5번가에 있는 셰리 네덜란드 호텔의 한 층 전부를 쓰는 호화 스위트룸에서 신접 살림을 차렸다.
12월 19일 오후 3시 집을 나간 리버모어가 밤중이 되도록 귀가하지 않자 해리엇이 경찰에 실종 신고를 하다. 그의 실종 뉴스로 인해 다음날 월스트리트가 소란스러워졌으나 27시간 만인 그날 저녁 6시 15분 아무 말없이 집으로 돌아왔다. 밤새 술을 마신 뒤 해쓱한 모습으로 귀가한 그는 펜실베이니아 호텔에서 하룻밤을 지냈다고 밝혔으나, 그날 오후 잠에서 깨어난 다음부터는 아무런 기억도 나지 않는다고 해명했다. 나중에 의사는 "기억상실증"으로 진단했는데, 이때부터 그의 우울증과 알코올 의존증이 더욱 심각해졌다.

리버모어의 지인들은 이 무렵 그가 이미 탁월했던 시장 감각을 상실했다고 말한다. 그는 개인사무실도 옮기고 시세판 담당자들도 모두 해고한다. 이때부터 에드 허튼 같은 오랜 친구들과도 더 이상 만나지 않게 된다.

이해 5월 27일에는 신주 발행 시 반드시 등록할 것과 상장기업들의 공시 의무를 명문화한, 미국 주식시장 사상 최초의 규제 법안인 1933년 증권거래법이 발효된다. 또한 6월 5일에는 여수신을 전문으로 하는 상업은행과 투자은행을 분리하는 글래스-스티걸 법안이 의회를 통과한다. 다음해에는 1934년 증권거래법에 따라 증권거래위원회(SEC)가 설립돼 초대 위원장에 주식중개인이자 작전 세력으로 유명했던 조셉 케네디가 임명된다.

1934년(57세) 3월 7일 네 번째이자 마지막으로 파산하다. 파산신청 당시 리버모어의 자산은 18만4900달러, 부채는 225만9212달러에 달했다. "아마도 제시 리버모어는 앞서 세 차례 파산했을 때처럼 다시 재기할 것이다. 지난주 파산신청을 하면서 그의 변호사들도 이런 생각을 가졌을 것이다: 리버모어는 세 번이나 아주 엄청난 돈을 벌었다. 세 번 파산했지만, 그때마다 원금과 이자까지 전부 상환했다. 한 번 더 그렇게 할 것이다." (1934년 3월 19일자 〈타임〉 "네 번째 추락(Fourth Down)"이라는 제목의 기사 가운데)

파산신청에도 불구하고 가족 앞으로 신탁해둔 재산에서 연금이 나와 리버모어와 가족은 여전히 사치스러운 생활을 계속했다. 이해 말 아내와 함께 유럽으로 가면서 그는 "현재 처해있는 여러 문제들에서 좀 떠나 있고 싶다"고 말했다.

리버모어가 어떻게 그 많은 돈을 다 날리고 파산했는지는 정확히 알려져 있지 않지만, 1930~1934년 사이 주식시장과 상품시장의 거래량이 크게 줄어들고 새로운 규제가 쏟아지자 그는 주식시장과 상품시장 이외의 다른 곳에도 투자했는데, 이 돈은 전부 날렸다. "나는 월스트리트를 떠나서는 어디서도 돈 한 푼 벌 수 없었다. 기억나는 것만 해도 플로리다 붐이 불었을 때 부동산에 투자했고, 유전 개발과 항공기 제조에도 투자했으며, 새로운 발명품을 완성하고 마케팅하는 데도 투자했다. 이런 식으로 투자한 것마다 나는 1센트도 남김없이 다 날렸다." (《주식 투자의 기술》 p. 50)

1935년(58세) 11월 29일 도로시가 리버모어의 큰아들 제시 주니어를 총으로 쏘는 사건이 발생하다. 도로시가 살던 산타바바라의 맨션에서 추수감사절 파티를 하던 중 술에 취한 도로시가 자신에게 대드는 열여섯 살 난 아들의 가슴을 향해 총을 쏜 것인데, 탄환이

심장을 1인치 비켜간 덕분에 제시 주니어는 겨우 목숨을 구할 수 있었다.

이 무렵부터 리버모어는 거처를 셰리 네덜란드 호텔로 옮겨 아내 해리엇, 둘째 아들 폴과 함께 생활한다.

1937년(60세) 11월 14일 큰아들 제시 주니어가 볼티모어 출신의 에블린 설리반과 결혼하다. 제시 주니어는 18세, 에블린은 20세였다. 도로시는 결혼식에 참석했으나 리버모어는 결혼식에는 가지 않고 결혼 선물로 아들에게 코네티컷 주 펩시콜라 프랜차이즈 사업권을 사주었다.

이 시기에는 리버모어의 우울증 증세가 더 심해져 악몽으로 잠을 못 이루는 날이 많다고 호소했다.

1939년(62세) 큰아들 제시 주니어의 권유로 10월 무렵부터 《주식 투자의 기술》을 쓰기 시작하면서 다시 원기를 회복하다.

뉴욕증권거래소의 하루 평균 거래량이 100만 주 아래로 떨어져 1923년 이후 최저치를 기록하다. 주식 거래량은 갈수록 더 줄어들어 1939년에는 95만4000주였던 하루 평균 거래량이 1940년에는 75만1000주로, 1941년에는 61만9000주로, 1942년에는 45만5000주로 급감했다. 리버모어 같은 투기자가 활동하던 시대는 끝나버린 것이다. "그런 점에서 옛날 투기자들의 시대는 갔다고 생각한다. 이제 옛날 투기자들의 자리는 투기자와 투자자의 성격을 함께 갖춘 투기적 투자자가 차지하게 될 것이다. 이들 투기적 투자자는 옛날 투기자들처럼 시장에서 단기간에 그렇게 엄청난 금액을 벌지는 못하겠지만, 일정 기간을 두고 보면 오히려 더 많은 돈을 벌 수 있을 것이고, 또 이렇게 번 돈을 잘 지켜나갈 수 있을 것이다." (《주식 투자의 기술》 p. 85)

1940년(63세) 《주식 투자의 기술》 집필을 끝내고 3월 듀얼, 슬론 앤드 피어스 출판사에서 가죽 장정본과 일반 하드커버본 두 가지 종류로 책을 출간하다. 책은 리버모어의 기대와는 달리 큰 반향을 불러일으키지 못하다. 대공황의 여파로 주식시장에 대한 대중들의 관심이 가라앉은 데다 제2차 세계대전까지 발발해 책 판매는 매우 부진했다. 독자들의 싸늘한 반응에 리버모어는 크게 실망했다.
11월 27일 아내 해리엇과 함께 스토크 클럽에 갔다가 사진사가 사진을 찍어도 괜찮겠느냐고 묻자 리버모어는 이렇게 대답하다. "물론이지요. 하지만 이게 내 마지막 사진이 될 겁니다. 내일이면 아주 오랫동안 떠나있을 거니까요."
다음날인 11월 28일 오후 5시 33분 5번가에 있는 셰리 네덜란드 호텔의 휴대품 보관소에서 자신의 관자놀이에 32구경 권총을 쏴 스스로 목숨을 끊다. 자살하면서 남긴 리버모어의 메모장에서는 니나라는 애칭으로 불렀던 아내 해리엇 앞으로 쓴 8페이지 분량의 유서가 발견됐다. "사랑하는 니나에게: 어쩔 도리가 없소. 모든 것들이 내게 등을 돌려버렸어. 싸우는 데도 지쳐버렸소. 더 이상 견딜 수가 없어. 이게 유일한 탈출구야. 나는 당신의 사랑을 받을 자격도 없는 인간이지. 나는 실패자야. 정말로 미안해. 하지만 내겐 이 길밖에 다른 방법이 없소. 사랑하는 로리가." 유서에는 이 같은 내용 외에 자신의 실패한 삶과 외로운 심정, 절망감을 계속해서 반복하는 내용이 적혀 있었다.

11월 29일 오후 뉴욕 주 하츠데일에 있는 펀클립 화장장에서 아내 해리엇과 두 아들 제시 주니어와 폴, 해리엇을 그에게 소개시켜준 친구 알렉산더 무어, 이렇게 네 사람만이 지켜보는 가운데 리버모어가 누워있는 관이 화염 속으로 들어갔다.

■ 역자 후기

이 책을 처음 만났을 때의 기억이 새롭다. 2001년 초로 기억하는데, 아마존에서 《제시 리버모어의 회상Reminiscences of a Stock Operator》(이하 《회상》)은 쉽게 살 수 있었지만, 이 책 《주식 투자의 기술》(이하 《기술》)은 너무 오래 전에 절판돼 도저히 구할 수가 없었다. 하는 수 없이 옛날에 나온 초판본을 찾아봤더니 가격이 엄청났다.(가죽 장정본은 최고 2000달러를 호가했다!) 결국 "깨끗한 하드커버"라는 판매자의 선전 문구가 달려 있는 120달러짜리를 주문해 보름 이상 기다린 끝에 받아봤다. 그런데 막상 실물을 보니 책의 두께는 너무 얇았고, 인쇄 상태는 최악이었다.(알고 보니 초판본을 복사해 영인본 형태로 다시 제작한 것이었다.)

그래도 "중요한 건 내용이니까" 하고는 읽기 시작했다. 역시 기대를 저버리지 않았다. 첫 장부터, 아니 첫 문단부터 머리끝이 쭈뼛하게 서는 느낌이었다. 엄청난 내공이 쌓이지 않고서는 도저히 나올 수 없는 추상 같은 문장들이 이어졌다.

"투기라고 하는 게임만큼 언제나 그렇게 흥미진진한 게임도 없다"고 시작하는 제1장을 한번 보자. "이 게임은 어리석은 사람이나 정신적으로 굼뜬 사람, 감정 조절이 잘 안 되는 사람에게는 어울리지 않는다"고 리버모어는 단언한다. 곧이어 자신이 겪은 일화를 소개하며 주식시장에서 단숨에 돈을 벌려고 하는 이들을 향해 강하게 경고한다. 리버모어가 전하고자 하는 메시지는 계속 이어진다. "성공하려면 반드시 자기 스스로 생각하고 결정해야 한다." "투기를 하고자 한다면 사업가의 시각으로 바라봐야 한다." "주식시장에 그 어떤 것도 새로운 것은 없다." "투기를 해야 할 때가 있고 절대 투기를 하지 말아야 할 때가 있다." "투기에서 성공하려면 반드시 자기 자신의 의견을 갖고 있어야 한다." "시장은 절대로 틀리지 않는다. 우리의 판단은 자주 틀린다. 시장이 확인해줄 때까지 기다리라." "투기에 희망과 두려움을 개입시킨다면 아주 끔찍한 위험에 직면하게 될 것이다." "이익은 그냥 놔둬도 늘 알아서 굴러가지만 손실은 그렇지 않다." "나는 주가가 조정을 보일 때 매수하지 않고 랠리를 이어갈 때 공매도하지 않는다." "절대로 물타기를 해서는 안 된다."

하나하나가 폐부를 찌르지 않는가? 열네 살 때부터 평생 주식시장과 상품시장 밖에 모르고 살았던 예순셋의 노(老)투기자가 아니면 할 수 없는 말들이다. 리버모어가 쏟아내는 경구(警句)들에는 그가 48년간 영욕을 함께 하며 축적해온 실전 경험이 고스란히 녹아있다. 제1장에는 이처럼 밑줄 그어가며 읽어야 할 대목이 그야말로 줄줄이 나온다.

　제2장에서 리버모어가 소개하는 두 가지 일화(철길 이야기와 산골짜기 투기자에 관한 실화)에는 생생하게 살아있는 투자의 지혜가 담겨 있다. 제3장에서는 인내의 중요성을 자신이 겪은 사례를 통해 설명하고, 제4장에서는 투기자에게 현금이 얼마나 소중한 것인지 직접 느껴보라고 권한다. 제5장에서는 시장의 큰 흐름은 하루아침에 만들어지지 않는다는 말과 함께 분기점에 다다를 때까지 기다리라고 이야기한다. 제6장에서는 백만 달러 수익의 기회를 날린 실수를, 제7장에서는 300만 달러를 번 거래 과정을 자세히 들려준다. 제8~9장 및 마지막의 차트와 설명은 리버모어 자신이 시장의 흐름을 찾아내기 위해 어떻게 주가를 기록하는지 있는 그대로 보여준다.

　출간연도에서 17년이란 시차가 있고 저자도 다른 만큼 이 책《기술》은 앞서 1923년에 출간된 에드윈 르페브르의《회상》과 여러 면에서 비교된다.《회상》이 최고 전성기 시절의 리버모어를 주인공으로 삼아 소설처럼 풀어나간 흥미진진한 모험담이라고 한다면,《기술》은 월스트리트에서 반 세기 가까운 세월을 보내고 어느덧 저물어가는 나이가 된 리버모어가 마지막으로 토로하는 실전 투자의 정수(精髓)라고 할 수 있다. 분량과 문체에서도 대조적이다.《회상》이 표준 활자 크기의 300페이지 분량에 고급스럽지만 결코 이해하기 쉽지 않은 빅토리아 풍의 우아하고 단아한 문체로 쓰여졌다면,《기술》은 대판 활자 크기의 110페이지 분량에 일체의 허식이

나 꾸밈없이 저자가 전하고 싶은 메시지를 직설적인 문제로 그대로 풀어나갔다고 할 수 있다.

하지만 《회상》이 출간 즉시 베스트셀러에 오르며 리버모어를 월스트리트 최고의 투기자 반열에 올려놓았다면, 《기술》은 저자의 바람과 기대에도 불구하고 판매 면에서 전혀 성공을 거두지 못했다. 1940년 3월 이 책이 처음 출간되자 리버모어는 이해 7월까지도 출판기념 파티를 여는 등 반향을 일으키려 애썼지만, 끝내 초판조차 소화하지 못하고 우울증 증세만 더 악화하는 계기가 됐다.

사실 독자들의 반응이 시원치 않았던 이유는 당시 주식시장이 워낙 침체했던 데다 제2차 세계대전까지 발발해 투자서적에 대한 관심도가 차갑게 식어버렸기 때문이었다. 대공황의 여파로 뉴욕증권거래소의 하루 평균 거래량은 1939년 100만 주 아래로 떨어졌고, 1940년에는 75만 주까지 줄어들어 1890년대 수준으로 후퇴했다. 게다가 1939년 9월 1일 독일의 폴란드 침공으로 시작된 유럽에서의 전쟁은 갈수록 확대돼 미국민의 관심은 온통 전쟁에 쏠린 상황이었다.

그러나 이 책 《기술》은 리버모어가 죽기 1년 전부터 마지막 열정을 쏟아 부은 유작(遺作)이다. 한때 "월스트리트의 큰곰"으로 불리며 주식시장을 주름잡았던 당대의 투기자 리버모어의 명성만 감안해도 이 책은 그렇게 쉽게 묻혀버릴 작품이 아니었다. 뒤늦게 진가를 알아본 월스트리트의 내로라하는 투자전략가들은 《기술》을 이구동성으로 "최고의 투자서"로 손꼽았고, 지금은 《회상》과 마찬가지로 투자의 고전에서 빼놓을 수 없는 위치를 차지하고 있다.

  1년 여의 작업 끝에 《회상》에 이어 《기술》의 번역까지 마쳤다. 정말 힘들었지만 보람 있는 작업이었다. 마지막으로 밝혀두고 싶은 것은 이 두 권의 새로운 한국어판을 내야 했던 이유다. 몇몇 독자들이 알려왔던 기존 번역서의 무성의한 잘라내기식 번역과 이루 다 헤아릴 수 없는 오역이 새로 번역에 착수하게 된 계기가 됐다. 여기서 기존 번역서의 오류를 일일이 지적하는 것은 적절하지도 않거니와 그것은 어디까지나 독자들의 몫이라고 생각한다. 다만 이번에 굿모닝북스에서 펴내는 《회상》과 《기술》은 미국에서 출간된 원서 초판본(두 권 다 개정판은 내지 않았다)을 축약이나 건너뜀 없이 충실하게 전문 번역한 첫 번째 한국어판이며, 원문의 의미를 그대로 살린 정확한 번역이라는 점은 꼭 알려두고자 한다.

2010년 8월
박정태

옮긴이 박정태

1962년 서울에서 태어나 고려대학교 경제학과를 졸업했다. 15년간 신문기자로 일했고, 현재 경제평론가 겸 전문 번역가로 활동 중이다. 지은 책으로는 《아시아 경제위기 1997–1998》이 있고, 옮긴 책으로는 존 템플턴의 《영혼이 있는 투자》와 《템플턴 플랜》, 윌리엄 오닐의 《최고의 주식 최적의 타이밍》과 《The Successful Investor》, 짐 로저스의 《월가의 전설 세계를 가다》와 《어드벤처 캐피탈리스트》《상품시장에 투자하라》, 필립 피셔의 《위대한 기업에 투자하라》와 《보수적인 투자자는 마음이 편하다》, 제럴드 로브의 《목숨을 걸고 투자하라》, 랄프 웬저의 《작지만 강한 기업에 투자하라》, 찰스 다우의 칼럼을 중심으로 정리한 《주가의 흐름》, 세계적인 첨단 기업의 성공과 좌절을 담은 《반도체에 생명을 불어넣은 사람들 1,2》《열정이 있는 지식 기업 퀄컴이야기》 등 20여 권의 책이 있다. 이번에 《제시 리버모어의 회상》과 《주식 투자의 기술》을 번역하면서 완벽에 가까운 한국어판을 만들기 위해 1년 이상에 걸친 시간과 노력을 바쳤다.

주식 투자의 기술
How to Trade in Stocks

1판 1쇄 펴낸날 2010년 8월 26일
1판 5쇄 펴낸날 2024년 3월 10일

지은이 제시 리버모어
옮긴이 박정태
펴낸이 서정예
표지디자인 오필민
펴낸곳 굿모닝북스

등록 제2002-27호
주소 (410-837) 경기도 고양시 일산동구 호수로 672 804호
전화 031-819-2569
FAX 031-819-2568
e-mail goodbook2002@daum.net

가격 9,800원
ISBN 978-89-91378-22-3 03320

* 잘못된 책은 구입하신 서점에서 바꿔드립니다.
* 이 책의 전부 또는 일부를 재사용하려면 사전에
  서면으로 굿모닝북스의 동의를 받아야 합니다.